HAY UN LIDER DENTRO DE TI

Entrenando la mente para el éxito

Yeison Ramírez

Ibukku es una editorial de autopublicación. El contenido de esta obra es responsabilidad del autor y no refleja necesariamente las opiniones de la casa editora.

Publicado por Ibukku
www.ibukku.com
Diseño y maquetación: Índigo Estudio Gráfico
Diseño de portada: Armando A. Vega

Copyright © 2017 Yeison Ramírez
ISBN Paperback: 978-1-64086-079-7
ISBN eBook: 978-1-64086-080-3
Library of Congress Control Number 2017959102

ÍNDICE

Dedicatoria

Nadie ha logrado nada grande sin la ayuda de otras personas. El éxito no llega por accidente, detrás de cada persona con éxito hay una combinación de personas que le ayudaron. Es por eso que tengo mucha gente a quien agradecer en mi vida; aun a aquellos que ayudaron a que la vida sea más difícil, eso me produjo una fortaleza emocional increíble, y por todo eso estoy muy agradecido.

Siempre hay personas muy especiales, muy cercanas y que son protagonistas en ciertas áreas de mi vida.

Este libro se lo quiero dedicar a mi madre, Marianela Guerrero; ella nos sacó de la extrema pobreza en un barrio muy humilde de la República Dominicana para darnos una vida donde hubiera mejores oportunidades, también ha estado mano a mano conmigo en todos mis proyectos de vida. TE AMO MAMI.

A mi ex esposa María Santiago, porque hemos tenido que enfrentarnos casi al mismo infierno superando un reto tras otro, aun al cáncer de tiroides. Aunque todo esto terminó con nuestro matrimonio, no pudo acabar con nosotros, hoy todavía seguimos trabajando en equipo por un futuro para nuestra hija. Gracias por todo lo que haces por nosotros.

A mi hija, porque me ha dado la dicha de ser el padre de una celebridad dentro de la comunidad de la gente que la conoce, en donde ella es especial, y por eso le dediqué un libro llamado: "El Liderazgo de un Niño".

También amigos y socios muy influyentes en mi vida como: Frank VanderSloot. Pastor Otoniel Font. Israel Palafox. Rafael Rojas y tantas otras personas, a todos ustedes, gracias por ayudarme a ser quien soy hoy.

Introducción al Liderazgo

En palabras resumidas, el liderazgo es la persuasión e influencia interpersonal comunicativa para guiar a otros a metas u objetivos específicos. El liderazgo es la capacidad de obtener resultados por medio de otras personas.

Todos nosotros tenemos la necesidad de crecer por dentro, tanto como deseamos crecer por fuera.

Hay un líder dentro de usted y vamos a despertarlo a niveles que usted se sorprenderá de lo que puede hacer cuando se sienta con la confianza y la seguridad de que puede lograr todo lo que se proponga. Delo por hecho, lo puede lograr.

No hay tiempo para hacer todo en la vida, pero sí hay tiempo para hacer lo más importante. Eso también aplica a las enseñanzas. Usted no puede dar por hecho que lo aprenderá todo de una vez, porque siempre el aprendizaje es de por vida; sin embargo, usted no tiene toda una vida para empezar, así que aprenderá en este libro lo esencial para que pueda tener una idea general de las mejores cualidades de un líder, por lo tanto, empiece a usarlas para mejorar sus resultados aquí y ahora.

¿Qué es el éxito?

El éxito es la capacidad del hombre de lograr cualquier meta que se haya propuesto. En pocas palabras, el éxito son las metas. Todo el mundo experimenta éxito en algún momento de su vida, pero sería genial que usted se pueda convertir en alguien que sabe crear un éxito tras otro, alguien dotado de los principios que lo conducen a tener más dominio sobre las actividades que producen resultados, y todo eso

porque conoce los principios que lo gobiernan.

El fracaso siempre se describe de la misma manera. El fracaso es la incapacidad del hombre de no poder lograr sus metas en la vida. De modo que una de las mejores cosas que usted puede hacer en vida, para ser feliz, es aprender a lograr metas, ya que usted no puede alcanzar felicidad mientras

tenga sentimientos de fracaso y arrepentimiento.

Hablemos del liderazgo y por qué es tan importante que usted ejerza el suyo.

Existen dos motivos principales:

1. Para que usted pueda dirigir su propia vida basado en sus valores y metas deseadas.
2. Para que los demás puedan beneficiarse de la contribución de lo que usted puede hacer por ellos y por el mundo.
   Su felicidad está ligada a la forma en que se relaciona con otros. Somos seres sociales, sin importar su nivel de posesiones. Usted no tendrá la satisfacción personal si ganó las riquezas del mundo, pero no tiene con quién disfrutarlas, es por eso que usted quiere ser un líder, porque un líder siempre está rodeado de otras personas con las que trabaja en la persecución de sus metas.

Usted no podrá lograr nada significativo sin la ayuda de otras personas y mucho menos sin su propia ayuda, así que acompáñeme en un viaje por este maravilloso libro que sacará el líder dentro de usted, entrenando la mente para lograr el éxito.

Hay un líder dentro de ti.

Tu capacidad de liderazgo.
Toda persona tiene la capacidad de liderar, de mejorar su liderazgo y convertirse en un líder en el área que desee.

El liderazgo es la capacidad de influenciar en otros para que acepten sus sugerencias.

Cada persona es un ser individual, con la capacidad de elegir en qué creer y qué hacer, pero también son seres sociales con la necesidad de sentirse parte de otros.

Aquellas personas con la capacidad de liderar terminarán influyendo en aquellos que eligieron seguir a otros que consideran más capaces en algún área.

Si dividimos a las personas del mundo en tres grupos, verás:

- El grupo que hace que las cosas se hagan.
- El grupo que ayuda a que se hagan las cosas, que por lo general son aquellos que siguen a los líderes para formar equipo.
- Aquellos que se enteran después de lo que pasó porque no son parte de nada, ellos sólo quieren vivir una vida sedentaria.

"Un líder siempre está entre la gente, sabe que nadie hace nada grandioso sin la ayuda de otras personas".

Dos tipos de líderes.
1. El líder que hace que las cosas se hagan con y por medio de los demás.
2. Líder visionario, el que abre camino empoderando a la gente para que sean líderes en esa causa, es quien convierte a otros en líderes de otras personas.

El liderazgo que proviene de lo que la gente tiene que hacer no durará mucho, la gente lo dejará de hacer o lo hará mal en cuanto tenga una oportunidad.

Hoy en día la gente es más exigente, antes sólo querían un empleo y proveer para sus familias, pero actualmente quieren sentirse parte y se preguntan a sí mismos cuando están considerando un trabajo: ¿por qué debería trabajar para esta persona o empresa? Son personas sensibles, que se quieren sentir valoradas y respetadas, exigen un trato justo y buscarán aumentar sus beneficios con el tiempo, también quieren sentirse parte de la misión de la empresa, es por eso que se requieren líderes que la dirijan, personas que sepan influir en la gente.

El segundo tipo de liderazgo proviene de lo que la gente quiere hacer.

Este tipo de liderazgo, que tiene como resultado el deseo de la gente de seguirlo por voluntad propia es el verdadero liderazgo. Hoy en día nuestra sociedad necesita urgentemente líderes capaces de dirigir a la gente en lugar de mandar a la gente.

Entonces, a la hora de generar recursos económicos, tenemos 4 decisiones:

1. El Liderazgo que influencia (el líder).
2. Liderazgo de autoridad (el jefe).
3. El empleado que ejerce liderazgo.
4. El empleado que hace sus deberes.

Todos los que recibimos ingresos de algún tipo estamos en algún punto de estos 4 lugares.

¿En dónde está ahora? ¿En dónde elige estar en el futuro? Fíjese que no dije en dónde le gustaría, porque de buenas intenciones está lleno el mundo y la gran mayoría no tiene lo que desea, por eso dije: en dónde elige, porque quiero que esté seguro de que es una decisión la que toma.

Las decisiones que conllevan acciones son las que traen cambios.

Todos los líderes nacen, pero para convertirse en líderes, tuvieron que ejercer sus cualidades.

Nadie viene al mundo sin nada que aprender.

La prueba de que algo se puede hacer es el hecho de que otros ya lo hicieron.

Un líder es un imitador.

Nadie nace sabiendo algo, todo es aprendido.

Si deseas sacar el líder que hay en ti, debes alimentarlo como una madre embarazada cuida a su bebé, sabe que para que pueda nacer necesita seguir unos pasos establecidos.

Para que pueda nacer el líder en usted, primero siga ciertos pasos:

- Reconozca que hay un líder en usted, de la misma forma en la que una madre sabe que lleva una criatura por dentro.
- Cuide lo que come, eso significa que su alimentación tiene que alinearse con la calidad de salud con la que desea que nazca su liderazgo.

- Dele el tiempo necesario. Tiene que hacerlo bien por el tiempo que tome, no trate de alterar los procesos, no tome atajos, sea paciente y deje que nazca naturalmente.
- No lo descuide, mantenga su atención en las cosas de mayor importancia para que todo salga bien.
- Siga sugerencias de los expertos. Una madre sabe seguir instrucciones de aquellos que se encuentran en niveles más altos de conocimientos, como su doctor de cabecera.

El primer bebé que tiene que nacer es su liderazgo, luego empezará a embarazarse de sueños que usted estará en posición de dar a luz.

¿Por qué usted desea ser un líder?

Me queda claro que si compra un libro con el tema: "Hay un Líder en Usted", eso me dice dos cosas:

1. Usted quiere convertirse en un líder.
2. Usted quiere fortalecerse con nuevas ideas y fortalecer su nivel de liderazgo.

Descubra su área de fortaleza.

¿En qué área se le dan mejor las cosas? ¿En qué se considera bueno? ¿En qué ha recibido usted elogios? ¿Qué cosas le salen de forma natural? ¿Qué le gusta tanto hacer que lo haría sin que le paguen? ¿Si únicamente pudiera escoger una sola cosa para hacer, de qué forma se ganaría la vida?

Todas estas preguntas intentan darle una idea clara de dónde está su liderazgo y en qué puede fortalecer sus destrezas aún más.

Uno de los errores más grandes que comete nuestra sociedad, y eso incluye en muchas ocasiones a los padres, es tratar de doblegar el espíritu de alguien a cosas que no quiere hacer, que saquen notas excelentes en áreas que son sus debilidades.

Niños a los que se les trata injustamente porque no se saben las matemáticas, porque no les entra eso del álgebra y la raíz cuadrada.

Se ignora lo bueno que puede ser en el arte de dibujar porque ésa es su pasión, se la pasa todo el día creando dibujos animados, podría convertirse en una gran estrella de Hollywood, pero tendrá que enfrentarse a las fuertes doctrinas en las que se está criando.

Aquello que mejor se le da, es una pista de dónde puede usted ejercer mejor su liderazgo.

Orientación hacia la acción.
Acción inmediata, iniciativa propia.
Los líderes, por lo general, son muy activos; cuando ya tienen la idea y una visión, se lanzan con todo a tomar acción, esto lo hacen a pesar de que la mente les dice las mismas cosas que a todos los demás: que no son buenos líderes.

Un líder siempre anda pensando y contemplando el futuro.
Al tener claridad sobre lo que quieres que ocurra te permite organizar los pasos que tienes que tomar.

Cuando tienes un objetivo definido puedes centrarte mejor y evitar quedarte estancado mentalmente en el pasado y el presente, como lo hacen lo que no son líderes.

Si usted no puede describir con total claridad cómo será el futuro, entonces le falta una visión más nítida de hacia dónde se quiere mover.

El líder crea su propia suerte, primero la creó en su mente para luego recrearla físicamente.

Practique la visualización.

Nadie soporta todos los retos que trae el éxito si no tiene una gran cantidad de deseos por el logro de esa meta.

Cuando el camino se pone duro, los duros se ponen en el camino.

Esto significa que las trabas del camino pondrán a prueba qué tanto quiere usted lo que hay del otro lado.

Los mayores galardones de la vida están reservados para aquellos que demuestran que se lo merecen por encima de la mayoría.

Los líderes trabajan con un final en mente.
Ellos se dicen: "Si lo voy a empezar es porque lo pienso terminar". Es por eso que no toman decisiones a la ligera, porque donde ellos ponen la visión, la acompañan de la acción y también de su carácter y compromiso.

7 pasos para conseguir objetivos:
1. Identifica tus metas más importantes; es posible que no te dé tiempo de conseguirlo todo, pero puedes conseguir las metas que realmente importan si te centras con una prioridad.
2. Clarifica la meta con todo detalle.
3. Escribe todo lo que pienses sobre un papel; hay más magia en la escritura que en la mente por sí sola.
4. Establece una fecha de terminación; a lo que no se le pone fecha no se le pone prisa.
5. Un plan de acción definido; basado en la ley de Pareto, el 20% de las cosas que haces producirán el 80% de los re-

sultados, es por eso que debes saber cuál es tu 20% para que le dediques el 80% de tu tiempo y multipliques los resultados. De igual forma supervisa en qué invierten el tiempo los demás miembros de tu equipo.

6. Acción inmediata; actuar sin retrasos, vencer la dilación.
7. Ritmo rápido; si lo vas a hacer, hazlo con sentido de urgencia.

Aquellos que no pueden predecir el futuro no pueden tener uno.

El mejor modo de predecir el futuro es creando uno.

La iniciativa del líder.
Un líder con iniciativa es un líder valiente.

Se requiere mucha valentía para tomar la iniciativa de hacer las cosas venciendo las fuerzas emocionales que le sugieren no hacer nada todavía.

La valentía no significa que no se tiene miedo, lo que significa es que, a pesar del miedo, de todas maneras, harás las cosas.

Al líder se le conoce porque está al frente, porque es quien toma la iniciativa.

La iniciativa es como un hábito, es algo que puedes desarrollar tomando acción inmediata en cada oportunidad que se presente.

Cada vez que enfrentas tus miedos y temores, fortalece la valentía.

Esfuérzate por seguir adelante.

Ten una mentalidad de ganar o morir en el proceso.

Cuando decides ir al frente, pase lo que pase, llegará el momento en que ya no tengas que luchar con tu mente para hacerlo.

Hay una frase que dice Alex Dey: "¡Atrévete, sí se puede!".

Es una buena frase, es una cualidad del liderazgo; ser atrevido te abrirá puertas que de otra manera se hubieran quedado cerradas.

Las cosas importantes no se les confían a las personas que no tienen corazón para llevarlas a cabo.

Usted ha perdido más cosas por el miedo a perder, que por las veces que perdió por haberse atrevido.

Sin importar qué tan difícil se pongan las cosas, la historia siempre ha demostrado que se abrirá camino si se aguanta lo suficiente.

Tampoco sugiero que tengas una fe desmedida, no se trata de ir a morir en forma consciente, se trata de confiar en la posibilidad que está contemplando.

Los riesgos calculados lo alejan de los riesgos desmedidos.

El líder como planificador.
El líder planifica su éxito y el de aquellos en su equipo, ellos ponen en tela de juicio todas las decisiones que toman para ver cuál es el impacto.

Siempre se están preguntando: «Si ejerzo está acción, ¿qué pasaría?»

El tamaño de las responsabilidades se les entregan a los líderes que ya tienen ese tamaño.

Un líder debe tener la capacidad de predecir el futuro, tienen que ser buenos percibiendo los síntomas antes de que lleguen las enfermedades.

Pensar en qué puede salir mal no es ser un pensador negativo, sino precavido; lo peor sería una fe desmedida.

Todo plan empieza con la situación actual, saber dónde estás parado, ya sea en tu vida personal o empresarial.

Ellos están conscientes de las circunstancias presentes, éste es el paso uno.

Pongamos un ejemplo de un líder de las ventas y la negociación.

El vendedor profesional tiene una gran actitud y un pensamiento positivo de que saldrá todos los días con la mentalidad de conquistar su mercado, pero en su preparación considera toda clase de escenarios que le permiten prepararse para los peores casos.

Algunas cualidades del vendedor profesional líder:

1. Tiene objetivos claros.
2. Establece un plan para su mercado.
3. Conoce muy bien su producto.
4. Conoce toda clase de objeciones y peores escenarios posibles.
5. Practica el manejo del cierre y la negociación.
6. Se repone rápidamente ante los *no* y va a tocar el próximo hogar.
7. Utiliza la ley de la proporción, cree en los márgenes, le hablará a cierta cantidad de personas para que ocurran ciertas cantidades de ventas.

Como ven, el líder en ventas es positivo, pero sabe que recibirá varios *no*; sabe que, aunque él está listo para venderle a todo el mercado, no todo el mercado está listo para él.

Se prepara para todos, pero sólo les venderá a algunos.

Sabe que hay gente que le comprará si él se mantiene dando seguimiento cada cierto tiempo, pero sabe que una parte nunca le comprará por más seguimiento que esté dando.

Nada de esto lo saca de ser un líder positivo, al revés, lo que lo hace positivo es saber la verdad y aun así todavía creer que es posible.

¿Qué sería un líder negativo?

Aquél que prescindió de hacer esfuerzos basados en la creencia de que se perderán.

Su confianza está en que sale mejor mantenerse al margen.

Es importante saber que un líder valiente, con iniciativa propia, determinado, súper positivo, es un gran líder que toma en cuenta los pros y los contras, las ventajas y desventajas, las posibilidades y el tamaño de los márgenes, y una vez que termina el análisis, entonces evita la parálisis, inmediatamente toma acción, vence la resistencia de seguir analizando y trayendo más imágenes negativas.

Mientras escribo esto también estoy escribiendo otro libro llamado: "Mi Primer Millón. Saliendo de la Pobreza y la Escasez". Ese libro habla muy bien de todas estas cualidades que me llevaron a ganar mi primer millón de dólares en los primeros 36 meses.

El libro enseña todas las herramientas de los mejores vendedores profesionales que generan millones de dólares en el mundo de las ventas.

Si usted quiere fortalecer sus habilidades en ventas y negociación, recomiendo que lo lea.

Si hablamos del mundo de lo empresarial, un líder empresario es alguien que practica el pensamiento subjetivo.

Se hace preguntas como: ¿Qué puede salir mal? ¿Qué tendencias se están viendo en el mercado que puedan afectar mi negocio? Entre otras preguntas que permiten siempre ver las cosas desde un ángulo general y visionario.

Hablaremos más tarde de las cualidades de un líder empresario, por ahora el punto quedó claro, la capacidad de planificar sus acciones le permiten ver el impacto de lo que podría pasar con cada una de ellas.

Las batallas se ganan en la mente, los éxitos, tanto personal como empresarial, también.

Aquel que no planea su éxito está planeando su fracaso, porque es más fácil que te vaya mal simplemente no planeando algo, pero para que te vaya bien, el éxito te lo demanda todo.

Hablando en términos generales sobre cualquier tipo de líderes sin importar su vocación, ellos tienen cualidades similares que los convierten en líderes.

¿De qué se compone un plan estratégico?
1. Dónde estás actualmente; describe en detalle quién eres actualmente y si es un plan para tu empresa, describe en dónde está tu empresa actualmente.

2. ¿Qué te ha llevado hasta ese nivel? Qué se ha hecho bien y qué errores te han servido de conocimientos.
3. ¿A dónde quieres llegar desde donde estás? Descríbelo en detalle, como si fueras a dibujar un plano que tiene todo eso. ¿Qué sería el futuro ideal?
4. Qué actividades y resultados se van a requerir para poder pasar de un punto A, que es donde estás, a un punto B, que es donde quieres estar. Qué tendrías que hacer, qué obstáculos tendrás que superar.
5. En qué clase de líder te tienes que convertir para poder tener esa clase de resultados.
6. Qué te hace falta en recursos y conocimientos para poder lograr los resultados deseados. El mundo es muy competitivo tanto en líderes y empresas con liderazgo, para mantenerte a la cabeza, debes estar en la mejora continua siempre, ser un estudiante de tu tema.
7. ¿Cuáles son tus áreas más fuertes? Qué podrías hacer para utilizar todo ese poder en las áreas de mayor importancia. Qué te diferencia de los demás. De igual manera también es bueno saber en qué áreas eres vulnerable y necesitas cuidarte de tus competidores que tienen eso como fortaleza. Así que lo que debes hacer es tener un plan estratégico basado en el peor resultado posible y un plan estratégico basado en tus mejores fortalezas.
8. Capacidad de adaptación. Un líder sabe qué plan puede salir mal pero ya pensó en cómo responder ante el peor escenario posible, es por eso que entra un plan B en acción, pero no deja que la frustración le impida estar en movimiento.

¿Qué motiva a que salga el líder?

Factores motivacionales de un líder.
1. Tener un objetivo interesante, algo que lo desafíe, que lo saque de la zona cómoda, que lo inspire a pensar y también a soñar con la posibilidad de que se cumpla esa

meta y sentirse como un ganador. Las metas que no inspiran no sacarán lo mejor de la gente.

2. Un líder quiere sentir que está eligiendo, no que lo están mandando, quieren sentir que también es su misión de vida y no sólo que sigue la visión de otro, hay motivación en el líder que agarra como de él, algo que empezó como una idea de otro. Sabe que su meta asignada es parte de un sinnúmero de otras para una meta más grande, pero de todas maneras esa tarea asignada lo trata como su meta más elevada para ese momento, de ahí proviene mucha inspiración. El líder que piensa que lo están usando, solamente actuará de la misma manera.

3. Crecimiento personal, el logro del objetivo, la gente hará más por el reconocimiento de su trabajo que por las cosas materiales, claro que las cosas materiales, como el dinero, juegan un papel importante, pero en el orden de motivación del líder, las cosas del alma tienen una mayor prioridad.

4. La inspiración en el dinero es la quinta razón, claro que si le preguntas te dirá que el dinero debe estar en una de las primeras, pero la verdad es que hay gente que deja de trabajar en una meta, su empleo o compañía, sólo porque ya no se siente inspirado, a pesar de que genera ingresos.

Las 3 necesidades emocionales de un líder.

1. La necesidad de sentirse parte de algo más grande que ellos, de una causa que le da propósito, es por eso que mucha gente asiste a iglesias, es parte de una junta para organización no lucrativa, es parte de una fundación contra alguna enfermedad, trabaja para una empresa con un propósito de mejorar vidas, etcétera.

2. La necesidad de ser reconocidos por sus logros personales, sin importar qué tan humilde quiera sentirse y verse ante los demás, el deseo de ser reconocido es una fuerza que lo mueve, es como tener un letrero en la frente que dice: «hazme sentir importante». Hay líderes que aban-

donan sólo porque no se sienten valorados, porque no sienten que se reconozca la contribución que están haciendo, claro que mientras más liderazgo tenga la persona, más control tiene de sus emociones y de saberse dar premios y reconocimientos a sí mismo.

Hay una necesidad de interdependencia; significa que también se llevan con otras personas, somos seres sociales, la necesidad de relacionarnos con otros es algo que tomamos en cuenta, si un líder se siente demasiado incómodo con el tipo de personas con las que tiene que lidiar, entonces tomará medidas drásticas con el tiempo. La armonía juega un papel importante para que haya trabajo en equipo.

Capítulo 1
Tu capacidad de liderar

Confía en tus capacidades innatas

Todo ser humano se ha dado cuenta que, en diferentes circunstancias, ha actuado de tal manera que se ha sorprendido de sí mismo porque no sabía que dentro de ella o él, había tal capacidad. Capacidad para saber cosas que no sabía, pensar en cosas, crear cosas, solucionar cosas y expresar palabras de sabiduría que nadie le dijo y que nunca escuchó.

¿Por qué pasa esto? ¿Qué es lo que hace que una persona tome un lápiz y un papel y pueda escribir, dibujar o crear cosas increíbles como si estuviera recibiendo ayuda?

Así es amigo, no estamos solos, hay un líder dentro de ti, algo más grande que tú mismo. De hecho, es la otra parte de ti, tu ser subconsciente y el súper consciente.

La ciencia ha demostrado que todo ser humano es un ser de 3 partes, que no sólo somos un cuerpo sino también mente y alma. La gente que admiras es gente que se ha conectado en su interior para sacar el genio que vive en él.

Esto suena muy espiritual ¿no es cierto? El hecho es que somos seres espirituales, es tu cuerpo lo que te hace humano; pero entonces, ¿cómo le llamamos a tu espíritu?, ¿cómo describes tus sentimientos? El que sólo conozcas una parte de ti no significa que no exista la otra parte. Verás que a medida que te conoces, te empoderas.

Importancia de conocerse como líder.

Quién eres y en quién te convertirás, está basado en quién piensas que eres y de lo que eres capaz.

Alguien que me ha ayudado mucho con la creencia de que todo es posible para mí, es mi madre; ella siempre ha creído y me lo ha dicho, incluso me tiene una frase que se me ha quedado en el interior de tantas veces que la repite y por tanto tiempo: "Yeison, tú eres un David".

Ella sabe que conozco la **historia de David y sus grandes hazañas,** cómo fue escogido por Dios, aun siendo el más pequeño de sus hermanos, para que un día sea el rey de Israel. Tuvo que pelear muchas batallas y luego tuvo un hijo, quien se convirtió en el hombre más sabio de la tierra. Todo eso me pone una imagen de que soy un David, que termina con mucho éxito y con una buena descendencia y un legado.

De igual manera, de la mayoría de los grandes líderes de quienes he estudiado su vida, también me he dado cuenta de que eran aprendices de grandes pensadores y líderes.

Hablemos de su confianza.

Del 1 al 10, ¿cómo está su nivel de confianza?

Usted no puede ser el dueño de su vida si piensa que es una víctima de ella.

No puede tomar el control mientras lo siga dejando en manos de cosas externas a usted.

Sus capacidades innatas significan que usted ya nació con ciertas facultades de las que puede sacar provecho.

Su cuerpo tiene la capacidad de mejorarse de la salud, si usted tan sólo hace ciertos ajustes en su vida cotidiana.

Hábitos como respirar mejor, descansar mejor, alimentarse mejor, meditar más y, sobre todo, pensar mejor.

Los procesos naturales del cuerpo asimilarán estas cosas pequeñas, pero harán maravillas que las grandes cosas complejas inventadas por el hombre no pueden hacer.

Confíe en que usted ya vino de fábrica con todo lo que necesitaba.

En mi libro **El Liderazgo de un Niño,** menciono todas las cualidades innatas con las que usted ya nació y estuvo usando durante su niñez y, posiblemente, su adolescencia.

Propósito y destino

Para que la vida tenga sentido, cada ser humano debe encontrar propósito y destino.

Usted no quiere llegar a la mitad de su vida o al final de sus días y sentirse vacío, sin propósito y sin destino, usted quiere sentir que su vida tiene sentido, que valió la pena vivir y sentir la plenitud de dejar un legado de bienestar en la vida de otras personas.

A medida que entra la madurez en usted, más aumenta el valor por el propósito y el destino en su vida.

¿Cuándo le encuentra usted sentido a su vida? Cuando hay propósito en ella, cuando sabe hacia dónde va, entonces usted redirige sus acciones en esa dirección, se planifica, se prepara y se redirige hacia el objetivo definido.

Los grandes hombres, que son los protagonistas de las historias más bellas que tienen nuestros países y el mundo, lograron tanto porque pensaron y creyeron firmemente que ése era el propósito de su vida.

Mientras más grande sea el logro, más esfuerzo y sacrificio se requirió por un tiempo prolongado y eso no se alcanza sin una gran confianza y convicción.

Cuando se está en el camino, muchísimos retos se presentan, algunos de ellos tienen la capacidad de hacerlo pensar en retroceder, posponer y hasta abandonar por completo, esto significa que si usted no tiene una creencia muy fuerte en que de alguna manera encontrará el camino para que se logre el propósito y el destino, entonces no lo haría.

En un lenguaje bíblico le llaman *'llamado'*. O sea que fue llamado a hacer eso y le fue depositado el talento junto con el favor y la gracia de Dios para completarlo.

Las creencias de una persona están influenciadas por aquello que más fuerza ejerce sobre ellos.

Las creencias no vienen solas, ellas se implantan a medida que vamos creciendo. Durante el camino, nuestros padres, amigos, la sociedad, la religión etc., etc., todos forman tus creencias y, sin darte cuenta, eres la suma de todas esas creencias combinadas.

Hay gente que piensa que su propósito es ser pastor, abogado, doctor, ingeniero, conferencista, autor de libros, etcétera.

Muchas veces lo que quieres hacer y crear fue implantado por otra persona; un día te dijeron: ¡Oye!, cantas muy bonito, deberías ser cantante, o, mira, eres bueno hablando, deberías ser conferencista...

Pero debemos tener cuidado con lo que elegimos, ya que no siempre lo que otros piensan de ti, es lo que más te conviene, te sorprenderás al saber cuánta gente emprendió algo basado en las opiniones de otras personas y, a pesar de que se sintieron motivados a hacerlo, se dieron cuenta, con el tiempo, que eso no era lo que más les llenaba en la vida.

Por lo general, aquello que más te apasiona, está ligado con tu propósito de vida en esa área específica.

Tú eres el arquitecto de tu propio destino, puedes diseñar la vida que quieres vivir, emprender el viaje y lograrlo en su tiempo, entonces no vale la pena andar por el mundo sin saber hacia dónde ir.

«Cuando usted no sabe para dónde va, ya llegó, o se quedará dando vueltas en los lugares incorrectos».

En nuestra naturaleza tenemos la necesidad de amar y ser amados, es por eso que nos sentimos miserables cuando lo que hacemos no mejora la vida de otras personas.

Aun la gente mala justifica sus acciones detrás de pensamientos nobles, piensan que lo que hacen es lo correcto, ya sea para ayudar a otros o resolver algún problema.

Es obvio que lo hacen mal, pero ellos no piensan así, y los que piensan que lo están haciendo mal, no se sienten bien con lo que hacen.

Así que en fin... la gente buena y mala que se siente realizada como seres humanos, es porque tienen la sensación de que están cumpliendo el propósito y el destino en su vida.

Es importante entender que el término malo es una etiqueta que usamos para señalar conductas que nuestra sociedad considera no aceptables y destructivas.

Hay una forma de saber diferenciar lo que está bien de lo que está mal, hay un verso en la Biblia que dice: "Todo lo bueno, todo lo justo, todo lo amable, todo lo que es de buen nombre, en esto pensar y hacer".

Cito mucho la Biblia porque es un libro que contiene sabiduría, de la misma forma en la que hago referencia de otros libros y personas de éxito, pero de ninguna manera debe ser interpretado como un libro de religión.

Estableciendo su propósito de vida.

¿Sabía que 5 minutos de planificación a largo plazo, podrán evitar años de confusión que lo llevarían a la perdición?

Vamos a planear el futuro en el capítulo de metas y objetivos claros y definidos.

El Principio de la Pasión

La Vida de Enzo Ferrari.

Permítame hablarle acerca de alguien que admiro mucho, se llama Enzo Ferrari, nació y creció en el norte de Italia, su padre, que tenía un negocio de fabricación de estructuras metálicas, buscaba que sus dos hijos se quedaran con el negocio familiar. En 1908 su padre lo llevó a su primera carrera de autos, con la cual quedó impresionado y nació una pasión en él por la industria automotriz, su pasión provenía por la velocidad en las carreras de coches. En la Primera Guerra Mundial su hermano murió de fiebre tifoidea y su padre también falleció en1916, lo cual dejó quebrada la empresa familiar. Una vez que Enzo terminó su servicio militar se sintió totalmente solo, en una postguerra depresiva decidió buscar trabajo en la empresa Fiat, de la cual fue rechazado, también por muchas otras empresas, hasta que encontró un trabajo en una compañía pequeña que le dio una oportunidad. Se dedicó a hacerle mejoras con la idea de competir en carrera de coche, al destacarse, la compañía Alfa Romeo le dio trabajo, Enzo Ferrari descubrió lo mucho que le gustaba la industria automotriz y decidió abandonar las carreras para dedicarse a fabricar autos de competencia. En 1923 había diseñado un auto llamado P1, el cual puso a prueba en el gran premio europeo en 1923, fue ahí donde ocurrió su primera desgracia, cuando el piloto se salió de la vuelta de reconocimiento y murió trágicamente y, a raíz de este suceso, Enzo sufrió de una gran crisis emocional, de la cual le tomó mucho tiempo salir. Más adelante retoma nuevamente y vuelve a hacerle ajustes de diseño al P1, que ahora se bautiza como P2. En 1924 batió el récord de velocidad teniendo su primer gran victoria y eso provocó que la compañía Alfa Romeo le propusiera que se ocupara de todas las actividades relacionadas con competición en carrera. Ya para 1929 nace la escudería Ferrari, pero como todos sabemos, en 1939 el mundo entero vuelve a verse estallido por la Segunda Guerra Mundial y en ese mismo momento, la empresa Alfa Romeo decide romper lazos con la escudería Ferrari, lo cual provocó que Enzo se viera obligado a trabajar para el gobierno para lograr sobrevivir financieramente. Para 1940, nace una nueva fábrica que el gobierno decide proteger para que no se vea bombardeada por los aliados, sin embargo, de todas maneras, la fábrica fue bombardeada en 1944, lo cual provocó una segunda caída emocional en la vida de Enzo Ferrari. Enzo encontró las fuerzas de volver nuevamente a su pasión y reconstruyó la fábrica para 1946 y el 12 de marzo de 1947, la escudería Ferrari presentó el Ferrari 125 S, había grandes expectativas por ver ese automóvil luego de haber nacido entre las cenizas de su pasado, pero la bomba de combustible se rompió, lo cual hizo que no salieran bien las cosas en la presentación. El problema fue que más adelante muriera un sinnúmero de pilotos en sus Ferrari, por lo cual, cada suceso le afectaba tanto en su carrera como emocionalmente, hasta que llegó al suceso más trágico, en donde 17 personas perdieron la vida cuando un piloto se estrelló en una de las competiciones. Enzo fue acusado de homicidio, cuatro años más tarde le quitaron los cargos, pero de alguna manera, la marca fue agarrando cada vez más prestigio, sin embargo, en 1967 la empresa estaba al borde de la quiebra, por lo cual la vendió a Fiat por 11 millones de dólares. Para ese tiempo, Enzo Ferrari ya tenía un delicado estado de salud y decide retirarse para mantenerse solamente enfocado en el rediseño de sus vehículos y alejado de las carreras. Después de todo un gran éxito, muere a los 90 años rodeado de su familia, convirtiéndose en una gran leyenda de la industria automotriz. La marca, hoy en día, continúa y sigue fabricando e innovando con el mismo enfoque de calidad y prestigio que tenía su fundador.

¿No es esto una gran historia inspiradora? Antes de tener éxito tuvo que pasar por dos muertes familiares y dos guerras mundiales, en donde él mismo estuvo activo. Fuera de eso, enfrentarse a la mala fama que provocó la muerte de los pilotos que manejaban sus Ferrari, entre muchas cosas más. A esto es que nos referimos cuando hablamos del poder de la pasión, sin importar la circunstancia por la que puedas pasar, de alguna manera sobrenatural regresas a hacer lo que te apasiona, no estás exento de las altas y bajas emocionales, pero alguien apasionado siempre encontrará las fuerzas para darse un nuevo comienzo en aquello que ama hacer. Las personas que abandonan muy rápido cuando se meten las dificultades, es porque no lo querían lo suficiente, ya que una persona apasionada, de por sí, es una persona testaruda, lo que significa que utiliza menos su razonamiento lógico y más su razonamiento pasional.

Si quieres triunfar en la vida y asegurarte de que ocurra, encuentra tu pasión, eso que harías por placer, aún si no te pagaran, porque dentro de todas las opciones, si solamente te dieron una a escoger, escogiste la que más te gustaba, ésa es tu pasión y a la que le debes entregar todo tu corazón.

Carácter para mantener la decisión

El carácter de mantener una decisión, aunque haya pasado la emoción.

Esa gran capacidad de un líder en mantenerse haciendo aquello que dijo que iba a hacer, separándose así del resto de aquellos que abandonan cuando las cosas se ponen difíciles, o cuando ya no tienen la misma emoción con la que lo empezaron. La palabra líder es una palabra muy grande porque abarca un sinnúmero de cualidades, pero de las más importantes y que resaltan entre los mejores líderes del mundo, es el carácter y el compromiso que tienen con aquello en lo que pusieron su palabra y su corazón.

Los líderes también se desaniman y pasan por altos y bajos durante todo el proceso, pero su compromiso con la causa hace que se obliguen a controlar las emociones negativas que lo abordan.

Sabemos que la crisis no forma el carácter, pero sí lo revela, cuando un líder se ve en una etapa difícil podemos saber su tamaño de liderazgo por la forma en la que se maneja ante la situación.

El carácter va mucho más allá que las palabras, el carácter son las acciones, no se puede separar el carácter de un líder, de su comportamiento, ya que el comportamiento es lo que le hace líder.

Hay mucha gente con dones y talentos, sin embargo, no lo han llevado a desarrollar a su máxima capacidad o no lo han convertido en un éxito, la razón es que una persona talentosa, sin carácter, no hará el mejor uso de su talento.

Una manera en la que usted puede medir su carácter es recordando qué usted hace en situaciones difíciles, si normalmente las evade o las enfrenta, si trata de alejarse del dolor o se mantiene firme haciendo lo que sea necesario a pesar del dolor. ¿Nos gustan las cosas fáciles o pagamos el precio que requieren ellas? ¿Siempre estamos buscando atajos para obtener las cosas, o preferimos el camino correcto?

A la gente se le hace muy difícil confiar en el líder que no tiene carácter, recuerde que la razón por la que la gente sigue a un líder es porque ve en él la capacidad de hacer que las cosas ocurran.

El líder que hay en ti tiene un carácter en donde lo correcto es más importante que lo conveniente, que sabe que a largo plazo el beneficio será más grande que el placer momentáneo de haber escogido lo fácil.

Usted no podrá vivir en paz con usted mismo con una conciencia que le reclama que no está haciendo lo correcto. Se requiere valor para escoger, en algunas ocasiones, la parte menos conveniente para usted, pero sentirá un nivel de satisfacción y beneficios posteriores que eran inimaginables antes de haber tomado la decisión.

Haga una prueba, la próxima vez que necesite tomar una decisión elija lo correcto, renuncie a lo conveniente, evite el atajo a la complacencia, respetarse a usted mismo sintiéndose bien consigo mismo. Ningún logro debería ser más grande que el logro de conquistarse a usted.

¿Le gustaría empezar a mejorar su carácter hoy mismo? Haga una lista de las ocasiones que usted pueda recordar en que sintió que no cumplió su palabra, que no hizo lo correcto, que buscó la vía rápida, que actuó de forma no responsable o de forma injusta. Ahora quiero hacerle un reto, quiero que haga un acto de atrevimiento, quiero que sea dueño de usted mismo, quiero que muera su ego, quiero que escoja una de esas ocasiones y que intente reparar el daño o por lo menos que usted reconozca su error con las personas involucradas. ¿Se atrevería a hacer algo así? Se sentirá también con la experiencia de que usted deseará continuar con las demás ocasiones de la lista, todo esto lo llevará a tener un respeto tan grande por usted mismo, un nivel de confianza como usted nunca había tenido. Si usted puede ser capaz de corregir o enfrentar sus errores, imagine de qué no sería capaz. *Si quiere ganarse el mundo, primero empiece por usted.*

Una vez que hemos ya afrontado el pasado, ahora nos enfocamos en prevenir que ocurra en el futuro, tenga un plan para que no vuelva ocurrir y tenga uno alternativo para qué hacer si ocurre.

Recuerdo una historia que escuché de uno de los libros de John Maxwell, donde un padre llevó a su hija a un parque de diversiones y ella corrió inmediatamente al kiosco de helados, cuando le pasan una gran bola, su padre le dice: "Cariño, ¿te podrás comer todo eso?", y ella le responde: "No te preocupes papá, soy más grande por dentro que por fuera".

Eso es lo que significa el carácter más grande por dentro que por fuera.

Es una historia que ilustra todo lo que hemos discutido aquí, trayendo un principio de identidad que permite tener conocimiento del tamaño del carácter en nuestra vida, sa-

biendo que siempre debemos ser más grandes por dentro que lo que somos por fuera, que mientras más éxito queremos tener, más cualidades de un líder debemos adquirir.

Si buscamos en el diccionario por su significado, vemos:

Conjunto de rasgos, cualidades o circunstancias que indican la naturaleza propia de una cosa o la manera de pensar y actuar de una persona o una colectividad, y por los que se distingue de las demás.

Eso es amigos, nuestro carácter quedará descubierto por nuestra manera de pensar y actuar, tanto de forma personal como colectiva. El líder que lleva dentro es un líder de carácter íntegro para el bien de todos.

"Si quieres conocer al hombre que se mira al espejo, tendrás que esperar el momento donde te muestre no sólo la cara, sino el carácter con el que carga todas las mañanas".

Capítulo 2
Usted se convierte en lo que piensa la mayoría del tiempo

Su forma de pensar determina sus acciones y sus acciones determinan sus resultados y sus resultados establecen la forma en la que usted vive la vida.

Si usted quiere una gran vida, tiene que preparar su mente.

Este libro reúne una combinación de muchas de las mentes más brillantes que han escrito sus libros enfocados en el desarrollo personal, temas de autoayuda, motivación, superación personal, crecimiento empresarial, actitud y aumento de destrezas y habilidades.

Usted debe percatarse de que existe un grupo de personas que dan opiniones y consejos.

1. Los que no saben nada, esos que preguntan qué pasó ahí. Este grupo se entera de las cosas después que ya ocurrieron y regularmente opinan basados en la falta de información. Aunque tienen algunos puntos válidos, son ciegos y les hablan a otros ciegos, por lo general hablan más de lo que han escuchado de otros.
2. El segundo grupo son los que miran lo que está pasando, este grupo sólo da opiniones basado en interpretaciones y lo que asumen de aquello que ven, buscaron o estudiaron y de aquellos que entendieron, es de lo que terminan enseñando.
3. El tercer grupo son los que hacen que las cosas pasen, son los protagonistas del resultado, ellos viven aquello

que otro sueña, nadie mejor que ellos para enseñarte cómo llegar hasta donde ellos están.

Hay un cuarto grupo que son aquellos que no tienen ningún interés en el tema, las opiniones de este grupo están basadas en justificaciones que esconden su mediocridad.

Ellos no quieren verse menos ante otras personas y prefieren adquirir creencias auto limitantes como:

- El dinero no es para todo el mundo.
- El dinero no crece en los árboles.
- A la gente no le va bien en eso.
- Para eso hay que tener suerte.

El problema de estas formas de pensar es que se pasan de generación en generación y hoy en día, 97% de la población tiene muchas de estas creencias.

Usted se convierte en lo que piensa la mayoría del tiempo.

Su mente, sus resultados y sus creencias, son moldeadas por las personas en las que usted decidió creer.

La vida que usted vive es el resultado de su forma de pensar y de sus acciones pasadas.

El resultado de tu comportamiento es por tus pensamientos, así que si cuidas lo que piensas estás cuidando lo que haces.

Usted no puede ser un buen líder si no es un buen seguidor, usted no puede dar lo que no tiene y usted no puede enseñar a otros a ir más allá de donde usted ha ido.

¿Dónde está su fuente de aprendizaje? ¿Qué le enseña? ¿Qué le nutre? ¿De dónde aprende usted?

Las enseñanzas de la gente sin éxito provienen de los periódicos, las revistas, los amigos, los padres, los familiares, la escuela, la calle, la forma en la que ve el mundo.

Nadie nace sabiéndolo todo, todo se ha aprendido, pero recuerde que usted piensa, se comporta y enseña a otros según sus creencias.

Como puede ver, el daño no sólo se lo hace a usted, también lo pasa hacia el frente.

Sus hijos aprenden con el ejemplo sin importar qué tanto usted les hable, ellos fueron condicionados a aprender por medio de lo que ven y no tanto de lo que oyen.

Esta frase describe eso como: "Tus acciones hablan tan fuerte de ti que no escucho lo que me dices".

Si la pobreza es tan mala, ¿por qué tanta gente decide quedarse ahí?

La palabra clave es: costumbre, usted pasa tanto tiempo viviendo la escasez que se acostumbra a vivir de esa manera.

Permítame darle un ejemplo. Usted vive en una buena urbanización donde todo es ordenado, bello y limpio, pero un día pasa algo malo en su vida y ahora vive en un barrio feo, basura en la calle, mucha delincuencia, sin lujos y una casa pobre y pequeña, al principio será duro porque usted no está acostumbrado a esa vida, se le hace difícil ver las cosas así, que huela así, sentirse así, etcétera. Pero de pronto empieza a aceptar la realidad y con el tiempo le deja de afectar, entonces ve las cosas de la misma manera que los demás, de vez en cuando hace intentos por mejorar su vida, pero fracasa y trata de acomodarse lo mejor que pueda en su nueva vida, de una forma u otra adquiere los malos hábitos y la forma de pensar de los que están igual o peor que usted, y es ahí donde vemos más de 90% de la población del mundo, sobreviviendo en vez de estar viviendo.

La autosugestión.

La autosugestión es una de nuestras mejores maneras para implantar un pensamiento que, por medio de la repetición, se convierte en una creencia, la cual posteriormente se convierte en realidad.

El subconsciente no puede distinguir entre la realidad o una imagen implantada, por lo tanto, usaremos la autosugestión para ganarle a la mente súper consciente y que pueda filtrar esas creencias como realidad.

Estudios demuestran que, para crear un nuevo hábito, toma en promedio 21 días, pero en la autosugestión hágalo por el tiempo que sea necesario.

Hablemos un poco acerca de los hábitos.

Los hábitos.

Los hábitos son aquellas acciones o comportamientos que se hacen en forma automática.

La mayoría de sus hábitos se crearon en forma subconsciente y han estado operando por mucho tiempo sin ser evaluados como buenos o malos.

Los hábitos son comportamientos, por lo tanto, si usted mejora cómo se comporta, mejora los resultados.

Los hábitos son difíciles de quitar, pero son más fáciles de reemplazar. Un ejemplo sería:

Usted tiene el mal hábito de levantarse tarde, entonces usted crea el buen hábito de acostarse más temprano y vivir con más energía.

Usted tiene el mal hábito de llegar tarde, lo que debe hacer es ponerse la meta de coordinar para llegar 30 minutos antes de la hora establecida y, de esa manera, aún con los retrasos, usted llegaría a tiempo.

¿Cuáles son sus malos hábitos? Haga una lista de ellos, alguno de los más comunes son ver mucha televisión, películas, juegos, novelas, redes sociales, hablar mucho por teléfono, no leer, no hacer y no hacer ejercicios, ¿qué otros usted podría añadir?

¿A dónde cree que le podrán llevar estos hábitos?

Los malos hábitos son como tener nuestro cuerpo lleno de síntomas que provocan la enfermedad, donde el resultado final es deteriorar el cuerpo y morir.

Ahora imagínese una vida llena de buenos hábitos, vamos a mencionar algunos de los hábitos que utiliza la gente de éxito para sobresalir entre la mayoría.

Llega temprano, no falta a sus compromisos, es emprendedor, no tiene miedo, lee y escucha libros frecuentemente, va a conferencias, es dispuesto, carismático, ahorra una parte de lo que gana, controla sus emociones, crea activos que le producen más dinero. ¿Qué otros hábitos podríamos añadir que le podrían cambiar su vida?

Este libro está diseñado para entrenar su mente a tomar buenas decisiones que, eventualmente, se convertirán en hábitos que traerán buenos resultados.

La mente es como un *GPS*, dependiendo de qué tan avanzado y actualizado, éste se comporta en las carreteras.

El *GPS* humano.

En las carreteras podríamos ubicar a la gente en tres grupos diferentes.

1. Los que no saben para dónde van, pero quieren ir a algún lugar.
2. El que sabe a dónde va, pero no sabe exactamente cómo llegar ahí.
3. El que sabe para dónde va, sabe cómo llegar y todo lo que se requerirá para poder llegar ahí.

¿Alguna vez ha utilizado un *GPS*? Explicado de una forma sencilla, un *GPS* es un mapa electrónico que nos permite recorrer desde un punto de partida hacia un objetivo final. ¿No es eso lo que usted desea en la vida? Saber en dónde está, saber hacia dónde quiere ir y sentir que cuenta con todo lo necesario para llegar.

Vamos a configurar su mente de tal manera que sienta la misma confianza.

¿Qué vamos a necesitar? Tomemos la analogía del *GPS*.

1. El mapa y las especificaciones; eso significa saber dónde estamos para dónde vamos y ver las diferentes rutas de cómo llegar ahí.
2. Tiempo aproximado; a lo que no se le pone fecha, no se le pone prisa, por lo tanto, establezcamos una fecha para cada logro de metas.

3. Actualizarse; significa que nos mantengamos renován-donos con nueva información, leyendo, escuchando y practicando.
4. Escoger ruta; significa que planifique el plan de trabajo que usará. Seleccione su mejor opción.
5. Siga instrucciones; tenga disciplina para hacer lo que tenga que hacer, cuándo lo tenga que hacer, tenga ganas o no. Esto quiere decir que tenga el carácter de mantener su decisión, aún después de que haya pasado la emoción por la que la tomó.

La confianza.

Es un sentimiento positivo que nos da la sensación de que las cosas saldrán bien.

No se trata de cuánto potencial tenga, se trata de cuánto puede usar.

La desconfianza provoca dos cosas principalmente.

1. Evita hacer los intentos.
2. Disminuye sus habilidades.

Las cualidades de las personas desconfiadas son las que dicen este tipo de frases:

Yo no sé si intentarlo, hay que ver qué pasa, yo haré el intento a ver si sale, puede ser que me vaya igual que a los demás, puede ser que pase.

La confianza no es para todo, pero todo lo que usted deba hacer, hágalo con confianza.

Aunque se le haga muy difícil de creer, tiene que poner su mejor esfuerzo. ¿Por qué hay mucha gente desconfiada?

Esas inseguridades vienen por la cantidad de veces que se fallan a sí mismos.

Si usted trata de resolver un problema con la misma mente que lo creó, entonces el problema permanece.

No trate de resolver los problemas con la misma mente que lo creó.

Las decisiones.

La vida entera se compone de una decisión tras otra, cada segundo, cada minuto, cada hora, cada día, semana, mes y cada año, usted toma decisiones, inclusive cuando no sabe qué decisión tomar y se queda esperando, ya acabó de tomar una decisión, eso es quedarse como está.

Usted nunca será tan perfecto como para que cada decisión sea correcta, pero sí, usted debe fortalecer su mente con mucha sabiduría para aumentar cada vez más su tasa de efectividad.

Lo que usted sabe acerca de ganarse la vida viene de su niñez, adolescencia, escuelas y lo que escucha comúnmente, sacar buenas calificaciones, buscar un trabajo con buenos beneficios y esperar a jubilarse.

Estos consejos funcionaban en las épocas de la era industrial, donde a nuestros abuelos se les enseñó la importancia de educarse para poder estar calificado y obtener un empleo, pero no se les enseñó a prepararse para que ellos sean los creadores de empleo, por lo tanto, de lo que aprenden es de lo que les enseñan, ellos pasaron todas esas enseñanzas a sus hijos y esos a sus hijos hasta llegar a nuestra generación; el problema con nuestra generación es que ya no estamos en la era industrial, si no en la era informática, donde lo que importa es el conocimiento y la creatividad enfocada en resultados, donde el tiempo, por dinero, está desapareciendo cada vez más.

Prospere primero en su mente.

Una madre nunca verá al niño en sus brazos si primero no lo lleva por dentro durante un tiempo, así son los sueños que se hacen realidad, ellos se cargan en el interior para que después se puedan disfrutar en el exterior.

Usted nunca perderá el tiempo por ser un soñador, por imaginarse una vida diferente llena de todo lo que ha creado en su mente.

Características de gente soñadora:

• Siempre está hablando del sueño.
• Siempre piensa en el sueño.
• No permite que los afanes de cada día lo alejen del sueño.
• No deja que los fracasos le ahoguen el sueño.
• Siempre encuentra razones para seguir soñando.
• En cada oportunidad que se le dé, sale en automático la conversación sobre el sueño.
• No tiene dudas de que será real en algún momento.

Como usted puede ver, un soñador es alguien que anda viviendo el futuro en su presente y de alguna manera sabe que, si lo puede ver tan claramente, es porque fue destinado a vivir en él.

La pobreza tiene esa peculiaridad de andar recordando lo poco afortunado que usted es en cada oportunidad que tiene, pero usted se encarga, como buen soñador, de estar interrumpiendo esos pensamientos con un sueño que lo va a reemplazar.

¿Qué se atrevería a soñar si usted supiera que no puede fallar? Le contesté esto a mi querido Brian Tracy y la verdad es que hoy en día, usted está leyendo la respuesta que dije: "No puedo fallar, entonces quiero ser autor y conferencista internacional".

Cuando usted sabe en dónde está y dónde quiere estar, de alguna manera su mente subconsciente empieza a trazar un camino por el que la pueda guiar.

Si lo puede ver es porque lo puede crear.

¿Si pudiera escribir la otra parte que le queda de vida, qué escribiría?

¿Qué final le daría a su caminar por este mundo?

En este mismo momento agarre una hoja y empiece a escribir la historia de su vida, no se preocupe por las realidades y falta de autoestima, simplemente imagine que van a escribir una novela de su vida y a usted le toca escribir los próximos capítulos. ¿Qué escribiría?

Esto le ayudará para que entienda que su felicidad está totalmente vinculada a que usted pueda vivir la vida en sus propios términos, eso que usted acabó de escribir, ahí son sus términos.

Usted es un imán viviente, siempre estará atrayendo a las personas, circunstancias y cosas que armoniza con sus pensamientos dominantes.

Lo crea o no, le guste o no, la ley de atracción siempre está trabajando aún en su pasado, lo que significa que hoy en día, usted es la suma de todos los pensamientos y comportamientos que ha tomado, pero si no le gusta su presente, enamorarse de su futuro es lo mejor que puede hacer.

Simplemente vuelva a elegir, escoja una vida diferente, pensamientos diferentes, una actitud diferente y empezará a ver resultados diferentes, le dará la vuelta a su vida desde el primer cambio de pensamientos.

Tú eres tu título más importante

Los títulos hoy en día sirven para colgarlos en la pared, subir la autoestima e influenciar a las masas, pero a la minoría sólo nos importa una cosa: ¿qué has hecho con lo que ya sabes? Porque por los frutos siempre conoceremos a la gente.

Estas cosas suenan fuerte, pero no siempre la realidad de las cosas es cómoda. Lo cierto es que hoy en día, las compañías están contratando más gente por su nivel de actitud, que por su nivel académico; es por eso que necesitas utilizar todos los recursos a tu favor, sin dejar fuera la capacidad que tengas de llevarte bien contigo y con otros a tu alrededor.

"Una vez que tengas la preparación, haz que valga la pena".

Claro que sí importan los títulos, pero sólo cuando están acompañados de resultados; de lo contrario, la vida le seguirá tratando de la misma manera que quien no tiene ninguno.

Sin importar si tienes títulos o no, agarra lo que tienes como un punto de partida y entrega siempre lo mejor; olvida todo lo que quedó atrás y extiéndete adelante; estás viviendo tiempos donde la actitud de una persona es mejor pagada que su aptitud. Pero si tienes las dos, pero no las usas, es como aquel que sabe leer, pero no lee, y no tiene ninguna ventaja sobre el que no sabe leer.

"El título más grande que puedes tener es el de tu actitud, que se encargará de reunir todo lo demás para darte la altitud".

El mundo está lleno de hombres fracasados con talento, porque el talento nunca es suficiente sin un comportamiento que lo respalde... y tú, ¿estás usando lo que tienes?

Tú no eres tu pobreza, tú no eres tu escasez, eso es sólo una creación de las miles de decisiones que has tomado en el pasado, de forma consciente y subconsciente, que te han traído hasta aquí; pero puedes decidir cambiar todo eso y crear nuevas circunstancias para tu vida.

¿Estás listo para un cambio radical de pensamientos? Porque si logramos cambiar lo que tienes en tu mente, entonces tu mente empezará a crear abundancia en todo lo que ella decida.

Eres tu título más importante, nunca lo olvides.

Capítulo 3
Tenga voluntad propia

La voluntad es algo natural del ser humano.

Cuando alguien más tiene control de tu voluntad, entonces ello habrá acabado con tu realidad y creará una que tú no eres y te sentirás desdichado, tendrás comportamientos de rebeldía y de frustración, no sentirás amor por ti y, por lo tanto, no podrás dar amor a otros. Llegará el momento donde no podrás reconocerte, querrás hacer las cosas de tal manera, pero terminarás actuando de otra.

¿Qué es lo que me está pasando? Esa es la pregunta que más te harás en el corazón, no tendrás una respuesta alineada con las enseñanzas humanas de la familia, la religión y la sociedad, es una respuesta que se alinea con tu corazón, porque es la naturaleza propia del ser humano con la que él mismo lucha.

Si el ser humano no vive la vida en sus propios términos, no vivirá la felicidad por mucho tiempo; hará cosas que le hagan feliz de forma momentánea, vivirá momentos hermosos y hasta puede confundir eso con la felicidad plena, pero por alguna razón, se sentirá vacío en algún momento, pensando que falta algo más pero no sabe qué es. La religión ha dicho que le falta más Dios, pero ya sabemos que eso no es tan cierto. Dios no puede alejarse de nosotros porque Dios es todo lo que hay, él siempre está con nosotros, pero sabemos que hay religiones que han vinculado a Dios con lo que ellos establecen en doctrinas para controlar y dirigir las masas y el poder.

Cuando decimos que Dios está allí, estamos diciendo que no está aquí, cuando dices que existe el diablo, estás diciendo que Dios no es todo lo que hay, cuando dices que Dios es quien pelea las batallas, estás diciendo que no es Dios, porque un Dios no necesita pelear batallas, sus pensamientos son actos de creación.

Cuando el ser humano no puede ser dueño de sus decisiones, entonces no es dueño de su vida. Si eres el responsable de lo que pasará, entonces debes ser responsable de lo que lo causará. Puedes escuchar las opiniones y sugerencias de los demás, pero nunca olvides que la última palabra la tiene el que la vivirá.

Hay personas que gozan de un nivel de influencia o de autoridad sobre nosotros de una u otra manera; quizás se lo hemos dado o quizás ellos se las han ingeniado consciente o inconscientemente para hacerlo, la cuestión es que hay que sacarlos de ese lugar, hay que bajarlos del trono. No significa que tengan que perder el papel que tienen en nuestra vida, sino que nosotros ya debemos elegir siempre, por voluntad propia, hasta donde llegará cada persona en nuestra vida.

No interprete mal mi mensaje, recuerde que hay gente buena en lugares malos y gente mala en lugares buenos, de igual manera existen buenos lugares que gozan de la gente correcta, simplemente quiero inspirarle a que sea dueño de sí mismo y no una víctima de lo que otros hicieron.

Pondré un ejemplo de pareja:

Estar casados no es estar presos, pero si miramos bien el matrimonio, eso es lo que parece en muchos casos, aunque no en todas las relaciones. Una constante decisión de andarse negando todo lo que se desea y que no se alinea a lo que también está acorde con la pareja. Si tienes ganas de salir de la casa, eso será motivo de grandes peleas si uno de los dos no está de acuerdo. Así podemos poner miles de casos donde, de cierta manera, uno de los dos en la pareja se adueña de la voluntad de la otra persona.

Quién puede ser feliz por mucho tiempo cuando tiene que andar negándose a sí mismo todo el tiempo. El *quiero hacer* y el *no puedo hacerlo*, es exactamente lo que siempre están luchando. Tienes que escoger qué clase de vida quieres vivir, una donde tú la creas y otra que es creada por alguien más, incluyendo las costumbres y la sociedad.

Hay doctrinas que creen que si la persona pierde el temor a Dios se volverá mala, la realidad es que, si alguien tiene que tener miedo para hacer lo correcto, entonces de cierto modo no ha cambiado su personalidad. Un día perderá el miedo y hará cosas peores, porque nadie puede detener por mucho tiempo la voluntad de otra persona.

A Dios no se le teme, se le ama, no necesitas tener miedo de alguien que te ama incondicionalmente y que te dio libre albedrío.

Mi hija sabe que la amo incondicionalmente, pero le tenía prohibido que se fuera sola a jugar y experimentar lo que ella quería, así que le di permiso, le dije que desde ese momento en adelante ya lo puede hacer; eso es libre albedrío, entonces qué pasa si mi hija se va a jugar, ¿verdad que ella no espera que la castigue por eso?, ¿por qué?, porque le dije que podía hacer su voluntad sobre eso y que no la castigaría. Eso es lo que hace Dios, nos dio la facultad de poder elegir la clase de vida que queramos tener y no existe un castigo por elegir nuestra voluntad.

¿Quieres ser libre? ¿Quieres ser salvo? ¿Quieres ser feliz? Pues no te niegues a ti mismo, haz lo que quieres hacer sin miedo y sin temor, la vida no puede morir y nadie puede dañarte. La gente puede hacerte cosas, pero nadie puede hacerte daño. Eso sólo lo puedes permitir tú.

El ser humano, por naturaleza, es bueno, es amor; es por eso que matar es tan difícil y amar es tan fácil. Hacer lo malo es una lucha mental y hacer lo bueno es placer emocional. Dios nos creó a su imagen y semejanza, en el fondo del corazón, hay un buen corazón para hacer las cosas. Aunque ahora el comportamiento de la persona no sea lo más aceptable, algún día la persona por sí misma escogerá la naturaleza de ser y experimentar todo el bien que hay en él o ella.

Eres Dios expresado en tu individualidad; hay una parte de Dios que sólo se puede ver por medio de ti; tienes sueños y metas por realizar; hay un propósito con el que cargas y es experimentarte a ti mismo como todo lo que quieres llegar a ser.

Eres un creador, creas tu vida a cada minuto. Son tus pensamientos, creencias y actos, los que crean tu realidad. La pregunta es: ¿qué realidad estás creando? ¿Qué será lo próximo que vivas?

¿Cómo el miedo puede detener el líder que hay en ti?

Todos tenemos miedo, pero el miedo que paraliza es muy malo, puede hacer que alguien con la capacidad de lograr cosas, no termine logrando nada porque tenía otro tipo de expectativas irreales, ya hemos visto que la fe es anticipar y esperar lo bueno y que lo contrario es el temor o el miedo, que es anticipar y esperar lo malo.

¿A qué le tiene miedo? ¿Qué tanto daño ha hecho eso sobre usted? ¿Le gustaría dejar de tener miedo? ¿Qué está haciendo para enfrentarlo? El miedo no se vence mentalmente, tampoco esperando que el tiempo lo resuelva o que se vaya la amenaza mental que ve, al miedo se le enfrenta, sólo la acción puede vencer al temor. Haga lo que más teme y vencerá el miedo.

No luchar es perder por adelantado.

El sentimiento de seguridad es lo que te quita las fuerzas de luchar por algo más, quieres protegerte de pasar por una mala experiencia. El enemigo de lo mejor es lo que consideras bueno o conocido; es por eso que no se alcanzan cosas mayores, pero tu propia vida es una evidencia de lo que es ir más adelante de la incertidumbre y terminar con un mejor resultado.

¿Recuerdas esa pareja que pensaste que no podías vivir sin ella?, pero hoy en día has hecho tu vida sin ella o sin él, y miras atrás y te preguntas cómo llegaste a pensar de esa manera. ¿Recuerdas un trabajo en el que te despidieron o necesitabas renunciar, pero tenías miedo? Pensaste en todo lo malo que podría ocurrir, pero ¿qué ocurrió? Hoy en día te queda la misma incógnita, *por qué no lo hice antes.* ¿De qué cosas has tenido miedo en fallar y luego te diste cuenta de que debiste haberlo hecho con mayor rapidez? Qué te hace pensar que no esté pasando lo mismo con aquello a lo que temes hacer ahora.

Tienes una oportunidad nuevamente de implementar 10 cosas.

1. Vive a tu manera.
2. Nadie tiene más poder sobre ti del que tú le das.
3. Crea tu propia realidad, ten un plan de vida, no te dejes ir a la deriva.
4. Sé atrevido para lo que valga la pena.
5. Rompe los esquemas que te limitan.

6. Ignora a todo el que no acepte tu individualidad.
7. Tu familia son todos, no tengas sentimientos solamente de círculos demasiado pequeños.
8. Ama a todo el mundo, disfruta a todo el mundo, decide vivir en amor y paz en todas partes, sé la luz.
9. Quita la ambición, ya lo tienes todo, el sentimiento de no tener algo provoca estrés y desgaste emocional.
10. Empoderarte, comportarte como lo haría Dios, tienes toda la sabiduría para experimentarte siendo todo lo que quieras en esta vida. Eres un ser de 3 partes porque Dios habita contigo en cada momento. Empieza a hacer uso de todas tus facultades.

Hay cosas maravillosas en este planeta que sólo veremos por medio de ti, porque vas a crear algo por medio de tu vida que debe ser aprovechado por las vidas de los demás.

Controlando el miedo en tu vida, puedes crear un mejor mundo, puedes empezar a vivir y vivir de verdad.

Tu capacidad en la toma decisiones.

Siempre estamos decidiendo; siempre estamos expuestos a tomar, mantener o desistir ante una decisión.

La vida se trata de tomar decisiones y si esto es tan importante para la vida de una persona, entonces deberíamos ser entrenados para tomar decisiones que nos mejoren la vida en vez de empeorarla.

El papel de la sabiduría en la toma de decisiones.

Una persona sabia puede ser descrita como alguien cuyos pensamientos y opiniones siempre se acercan más a la opción más inteligente. No todas las personas tienen siempre el conocimiento que les da sabiduría para tomar la me-

jor decisión, sin embargo, todos siempre tenemos la oportunidad de buscar esa sabiduría en donde quiera que ésta se encuentre.

Una decisión te puede mejorar la vida, como también la puede marcar para siempre.

Los casos de gente que les cambió la vida son incontables, desde el momento que tomaron una decisión de la que no hay vuelta atrás.

-Personas que se acostaron con la persona incorrecta y ahora tienen sida...

-Personas limpiando la casa con cloro todo el tiempo y ahora tienen cáncer...

-Personas que fueron al casino, se hicieron adictos y ahora están en bancarrota...

-Personas que fueron infieles, ahora tienen hijos fuera del matrimonio y una pensión que les quita altos porcentaje de lo que ganan...

Como también existen las personas a quienes una buena decisión los llevó a toda una nueva vida de felicidad y abundancia.

Como pueden ver, una decisión puede cambiar la vida de una persona para siempre.

Tanto es así, que habrá circunstancias que no vivirá por el simple hecho de haber sabido tomar una decisión acertada; una que le ha dado frutos a su vida y lecciones que le ayudan a comprender a fondo el sumo cuidado de tomar decisiones, que le cambió todo un destino.

Para entrenar tu mente a tomar decisiones, sigue estos pasos básicos:

1. *Analiza bien la decisión, comprende todos los pormenores del asunto.*
2. *Revisa si ya es el tiempo correcto de tomar decisiones sobre eso.*
3. *Piensa si estás preparado para tomar la decisión o necesitas más información.*
4. *Mientras más importante sea la decisión, más sabiduría necesitas; si es necesario ve y consulta con alguien más sabio que tú o experto en el tema.*
5. *¿Cuáles son los riesgos y las ganancias?, ¿valdrá la pena?, ¿qué es lo peor que podría pasar?, ¿qué es lo mejor que podría pasar?*
6. *Ten el carácter de mantener la decisión, esto no termina hasta que ganes, si es así, entonces ¡estás listo!*
7. *Sobre todo, mantén tu decisión firme y constante, eso determinará tu voluntad en lo que realmente quieres, de acuerdo con lo que te has basado para tomar esa decisión.*
8. *Pon cada una de estas opciones en el orden que vaya de acuerdo con tu necesidad; todas son importantes, pero variarán de acuerdo con tus necesidades prioritarias.*

Hay otras cosas más que puedes tener en cuenta, pero realmente son las pequeñas cosas como éstas, las que se nos pasan de largo a la hora de tomar decisiones.

Sigue estos principios sobre el tema de las decisiones:

- *"Las personas indecisas nunca piensan que están preparadas para tomar decisiones, por eso empeoran su presente y le roban a su futuro".*
- *"Una decisión no siempre estará de tu lado, pero si tomas la correcta, siempre obrará para bien".*

- *"Cuando eres bueno tomando pequeñas decisiones, evitarás la mayoría de las grandes decisiones que te marcan la vida".*
- *"Mantente alejado de las malas decisiones y así sólo tendrás que lidiar con aquellas de las que no tuviste ningún control".*
- *"Cuando mis valores están basados en seguir todo lo bueno, todo lo digno, todo lo amable, todo lo que es de buen nombre, entonces tomo buenas decisiones en automático y sin mucho esfuerzo".*
- *"Un lindo corazón siempre está tomando decisiones en favor de mejorar más vidas de otras personas".*
- *"Cuando usted pospone una y otra vez las pequeñas decisiones, tendrá que lidiar con una gran decisión".*
- *"Un ignorante con buenas intenciones es un peligro tomando decisiones".*
- *"Usted no lo sabe todo, pero por lo menos averigüe quién lo sabe y llénese de sabiduría".*
- *"Aun si usted no quiere tomar decisiones, acaba de tomar una que es no hacer nada al respecto y tendrá que lidiar con las consecuencias que están por llegar".*

Siempre estamos tomando decisiones hasta para qué tipo de ropa ponernos, dónde estudiar, dónde vivir, con quién casarnos, a qué tipo de iglesia ir, en qué trabajar, cómo gastar el dinero, con qué tipo de comida alimentarse, cientos o quizás miles de muchas otras.

Como puede ver, siempre estamos decidiendo y cuando decidimos mal, la vida nos pasará facturas indeseadas.

¿Qué tal si decide alimentarse con comida chatarra? ¿Cuáles cree que son las consecuencias? Porque habrá consecuencias, lo quiera o no.

¿O qué tal si decide gastar más de lo que gana, no ahorrar dinero y sólo trabajar 8 horas al día como empleado? Claro que tendrá consecuencias, una vida de problemas financieros.

El problema de las decisiones es que nadie está exento de ellas, aun cuando dejas que otros decidan, hasta eso es también una decisión que estás tomando.

Las decisiones estarán en nuestras vidas hasta nuestro último suspiro de vida, por lo que la decisión que tomes es tu marca, es tu reflejo, es tu compañía de toda la vida; de modo que jamás podrás alejarla, porque es como tu respirar, entonces la cargarás a donde quiera que vayas y depende de ella tener los resultados correctos que esperas.

El líder con inteligencia.

Ya hemos dicho que la inteligencia es un modo de actuar, ser un líder inteligente es ser un líder certero, que sabe dar en el blanco, ser efectivo con el objetivo.

Cuando usted le hace preguntas a un niño sobre cálculo mental y responde correctamente, ¿qué piensa usted? Que es un niño inteligente para las matemáticas, lo mismo se aplica a cualquier situación donde alguien es un buen pensador acerca de algo.

Si usted quiere ser alguien inteligente, simplemente sea alguien efectivo, sea bueno en lo que importa para usted.

Usted no necesita ser inteligente para todo, eso es imposible, pero la sabiduría reside en que usted se rodea de otras personas inteligentes que le complementen sus debilidades.

Por ejemplo, yo no soy inteligente para asuntos de autos, sólo sé lo básico de carrocería y cómo se siente en el manejo, pero nada de motor, transmisión, etcétera, cada vez que tengo un problema con él, contrato a alguien experto e inteligente en el tema.

En una ocasión estaba comprando un auto para regalarlo, el auto se veía bien, pero alguien que es inteligente en el tema, que es mi hermano, percibió cosas que yo no.

Es inteligente saber delegar en otros, ellos pueden complementar su falta de inteligencia sobre el tema.

No se preocupe en esforzarse por ser bueno en todo, eso deja poco éxito, pero dé lo mejor para que sea el mejor en algo.

¿Cómo aumentar la inteligencia?

La inteligencia es como un músculo que usted puede fortalecer si se lo propone, simplemente haga 5 cosas.

Usted puede ir de la nada, hasta saber demasiado, sólo si aplica estos pasos:

1. Tenga un fuerte deseo por mejorar en un área específica.
2. Conviértase en un lector habitual de ese tema en específico. Recuerde que la gente inteligente son lectores.
3. Hágase discípulo, seguidor, alumno, de alguien que ya es bueno pensando sobre el tema.
4. Enseñe a otros lo que aprende, *no hay nada que le pueda enseñar más, que usted enseñar a otros lo que va aprendiendo.*
5. Dedique todo el tiempo posible y por el tiempo que sea necesario.

¿Qué le gustaría saber de más? ¿De qué forma le gustaría ganarse la vida? ¿De qué forma quiere ser reconocido? ¿Qué admira de otras personas? ¿De qué forma quiere ser recordado cuando ya no esté?

Cuando me contesté estas preguntas, llegué a la conclusión de que llegaría a ser un hombre sabio en temas de liderazgo, crecimiento personal y empresarial, que sería autor de libros y conferencista de temas de liderazgo.

No es hasta que usted anticipe su futuro en la mente, que lo empieza a crear en su presente.

Aumentando la autoestima.

La autoestima es una percepción que tiene de usted mismo, cuando se siente con baja autoestima, es porque se está representando a usted mismo como poco valioso.

Una de las cosas que usted hará, de hoy en adelante, es crear el hábito de la autogestión, empezar a decirse palabras de auto evaluación que lo empoderan para seguir adelante.

La persona que se cree tonta actúa de forma tonta, quien se cree inteligente actuará de forma inteligente, quien cree que no sabe, pues no sabrá, aunque ya posea el conocimiento.

La persona bloquea su mente subconsciente en cuanto la programa en su contra, si la persona dice que es un fracaso haciendo eso, termina creando un fracaso, todo esto pasa porque al final estamos viviendo nuestros pensamientos dominantes.

¿Por qué hay gente que dice que no le saldrá bien y luego ve que le salió bien? Eso es porque dijo un pensamiento negativo, pero muy dentro de él sabía que podía hacerlo.

No nos referimos al pensamiento momentáneo, que es el que más usamos para hablar, me refiero al verdadero, al pensamiento creador, aquel que creará su verdad.

Implantando un nuevo pensamiento creador.
La repetición es la madre de la retención y la retención crea hábitos que luego serán su convicción.

Las creencias no son rápidas, realmente se estuvieron trabajando en la mente subconsciente hasta convertirlas en su identidad en esa área.

De la misma manera, usted empezará a contrarrestar cualquier cosa que desee cambiar metiendo miles de veces un nuevo pensamiento dicho en voz alta, con emoción, basado en que lo cree, lo escribirá en sus paredes para que su vista se lo esté recordando.

Si usted va a mi cuarto, verá las paredes llenas de etiquetas amarillas, si va a mi espejo, está lleno, si va a mi baño también, estoy leyendo mis declaraciones de identidad.

¿Qué cosas tengo como una declaración de identidad?
* Soy rico, soy próspero, tengo todo lo que necesito, no me falta nada.
* Soy feliz, soy alegre, soy carismático, soy simpático.
* Amo a la gente, sirvo a la gente, creo en la gente, todos somos uno, todos somos parte del todo, sólo hay uno de nosotros, amo a mi prójimo, el amor es todo lo que hay.
* Soy saludable, estoy lleno de energía, tengo fuerzas, me muevo como gacela, visión de águila, determinación del león, soy todo lo que quiero ser.
* Soy autor de libros *best seller*, conferencista internacional reconocido.

Aparte de todo esto y más cosas, también lo tengo lleno de frases que me ayudan a retroalimentar quién soy y quién decido ser en este momento de mi vida.

Frases como:

El amor es todo lo que hay.

La vida no puede morir.

Que se pierda todo menos mi mente.

Si no te gusta tu presente, crea un nuevo futuro.

Puedes darte un nuevo comienzo aquí y ahora, siempre habrá espacio de empezar de nuevo.

¿Te puedes imaginar un entorno diario con esta clase de ambiente? ¿Quién serías? ¿En qué te convertirías? ¡Ni que fueras una máquina de guerra!

Permíteme hacerte la pregunta directamente: *¿Quieres ser un líder inteligente, con sabiduría para guiar tu vida y la de muchos otros que dependerán de la tuya?*

Si eso es así, entonces te sugiero que empieces ahora.

Sigue los pasos de este capítulo, compra una libreta de etiquetas (*"stickers"*) y escribe y pega por todos los lados tu nueva identidad.

Recuerda siempre:

La inteligencia es un modo de actuar, decide actuar sin ningún miedo a fallar, al final es más inteligente quien falla buscando la inteligencia, que tomar la decisión de vivir fuera de ella.

El carisma que hay en ti.

El carisma es la habilidad de hacer sentir bien a otros como te gustaría que lo hicieran contigo.

Te conviertes en un imán cuando pones los intereses de los demás por encima de los tuyos.

Analiza cuál es la clase de personas con la que te gusta estar, la descripción terminará en que son gente carismática.

Cuando ves a la gente que llamamos *difícil de tratar*, son todo lo contrario al carisma.

Por lo general no tienen mucho entusiasmo, están centradas en ellos mismos, casi no se ríen y se preocupan muy poco por otras personas.

Tu carisma te puede abrir puertas que otras destrezas no pueden hacer.

La gente más rica del mundo pagará más por la habilidad de llevarse bien con otros que por cualquier otra razón.

El carisma es una parte indispensable de la actitud de una persona con éxito, ellos saben que antes de ganarse el mundo, primero tienen que ganarse a la gente.

El verdadero carisma no puede ser fingido, ya que la persona se da cuenta cuando no es real, pueden percibir cuando no se hace bien, ya que no es algo que se ve ni se escucha, sino que se siente.

Ellos sentirán qué tan real es, sentirán el amor, el afecto, el deseo nato con el que se hace.

Cuando la gente encuentra alguien que le hace sentir bien, lo estará buscando en cada momento que tenga.

La gente ama a la gente que los ama a ellos.

Si entregas lo mejor de ti, la gente te entregará lo mejor de ellos y cuando sacas cuentas, tú diste el 100%, pero la gente, combinada, te lo multiplican por miles.

Cuando la gente no sabe qué esperar de ti, dejará de esperar algo y perderás su atención.

La disposición es la verdadera herramienta que usan los líderes, ellos quieren hacer todo lo que puedan por aquellos que están bajo su liderazgo.

Como seres humanos, tendemos a buscar el amor y la paz, la seguridad y el bienestar, eso es lo que hace el carisma, hace que alguien se sienta querido, apreciado, protegido y que todo estará bien.

Si usted no se gana el aprecio de otros, usted no será apreciado, porque sus logros le importan poco a la gente cuando ellos lo ven como alguien egocéntrico.

Mientras escribo estas palabras el presidente de los Estados Unidos es **Donald Trump,** un hombre muy criticado por muchos, pero ¿cómo es que de todas maneras llegó a ser presidente? Claro que es una combinación de factores, pero si no hubiera pasado el filtro de uno de ellos, no hubiera sido elegido, y es que convenció a la mayoría de que él quiere volver a hacer grande a América. América es la gente, él estaba enviando un mensaje muy claro de que está preparado para saber qué hacer cuando tenga la silla presidencial.

Sin importar cuál es su opinión política, olvide la política por un momento, sigamos en el liderazgo, nadie sube tan lejos sin las cualidades de liderazgo necesarias y mucho menos sin la cualidad del carisma.

Si usted desea ser elegido por otros, primero tiene que hacer sentir a la gente que usted las eligió primero, que ellos son la prioridad dentro de su agenda, que parte de su propósito de vida es servir a los demás.

Alguien que es de nuestra década actual es el ex presidente Obama, es una de las personas más carismáticas que conozco, tiene la habilidad de ganarse a la gente en cuestión de segundos, emana un amor y respeto por las personas, que lo hace ser muy querido, aún después de haber terminado su periodo en la Casa Blanca.

Con algunos pasos genuinos que des, podrás llegar a ser un líder carismático, permíteme enumerarte algunos:

1. Cuando hables con los demás, que la mayoría de la conversación se centre en ellos y no en ti mismo.
2. Aprender su nombre y repetirlo varias veces en toda la conversación, no tengas miedo a preguntar su nombre, si lo olvidas, la gente te perdonará eso, pero amará escuchar su nombre.
3. Sé positivo, hazle sentir que todo está bien, no importa que la persona ya tenga el hábito de hablar negativo, porque eso es lo que ve y escucha en su mundo, puedes cambiar su mundo por un momento si le haces sentir que, a pesar de todo, todo estará bien, esas palabras siguen trabajando aún después de haber terminado la conversación.

4. Trata a la gente como una celebridad, hazle sentir importante, valioso, concéntrate sólo en lo bueno de la persona. Todo lo que edificas se intensifica, todo lo que críticas lo crucificas. Nadie quiere que le hagan sentir poco valioso, como si no contaran sus esfuerzos. Todo el mundo cree que sus esfuerzos son muy grandes, aunque los resultados sean pequeños, sólo enfoca en todo lo bueno y verás más de lo bueno en la persona.

5. De todo el mundo se aprende algo si ponemos suficiente atención, si descubres eso y se lo dejas saber y le agradeces a la persona, sentirá que hizo una contribución y querrá repetir esos sentimientos.

Da de lo que tienes.

A todo el que le gusta recibir más de lo que da es porque no ha dado lo suficiente.

Hay un placer en dar que no tiene descripción, además usted crea sentimientos de abundancia, ya que no podría dar de lo que no tiene.

Todo lo que entra vuelve a salir, la vida son ciclos y lo que les dé a otros, a usted mismo se lo ha dado, el universo responde a aquellos que mantienen circulando las bendiciones de Dios.

Cuando usted es una persona carismática está dando amor a otros, el amor es todo lo que hay, el sentimiento más grande, será su mayor contribución y usted puede expresar amor de muchas maneras.

Es posible que su forma de expresar amor sea de maneras diferentes, ya que el amor es hacer y sentir por cualquier otra persona.

Carisma es dar amor.

Usted no puede dar amor si no siente amor en menor o mayor grado, usted siente aquello que hace, si ha sido generoso con otros, es porque usted es generoso en cierto grado, si ha dado cariño a otros, es porque es cariñoso, todo lo que haga por los demás es usted expresado en eso.

Si se enfoca en la gente tendrá compasión de ellos, empezará a darse cuenta de que en alguna forma extraña siente lo que ellos sienten, cuando se crea esa conexión, la gente se abre como una flor a recibir lo que tiene que decir para ellos.

Los compromisos empiezan en el corazón y para ganarse la lealtad de la gente, primero debe ganarse su afecto.

La gente puede sentirse obligada a obedecer, pero nunca se sentirán obligados a amar.

Un padre le dice a su hija: "Siéntate niña, te lo he dicho muchas veces, la próxima vez será peor", la niña se sienta de mala gana y le dice: "Aunque estoy sentada por fuera, sigo parada por dentro".

Si el papá tuviera un carisma que influencia hacia su niña, no hubiera tenido que llegar a esos extremos, eso es lo que hace el carisma, que la gente quiera mantener la relación que siente con usted.

Tu felicidad está vinculada a la felicidad de otras personas, lo que quieres para ti dárselo a otro y eso incluye amor y felicidad.

Deja que el carisma te lleve a niveles donde no podrías llegar sin él.

Capítulo 4
Respete los tiempos y evite buscar atajos

La tentación de buscar maneras más rápidas de llegar a su destino hará que la mente busque toda clase de buenas ideas que no le traerán buenos resultados a largo plazo. Quizás pueda confundirse, porque ve de alguna manera algún avance momentáneo, pero eso no durará mucho y entonces usted verá que ha retrocedido.

La ansiedad de ver resultados a veces nos aleja más de lo que nos está acercando. Debemos disfrutar el proceso, aprender a ver el camino como parte del éxito. Ser impaciente nos traerá resultados muy duros que no irán acorde a nuestros planes.

Usted siempre disfrutará más cuando va hacia su meta, que cuando ya está ahí por algún tiempo.

Póngase a pensar cuándo siente mayor emoción, cuando va hacia sus vacaciones o cuando viene de regreso de ellas. Cuando va hacia ese restaurante que anhelaba o cuando viene de él con la barriga llena. ¿Cuándo disfrutó más su auto nuevo, cuando estaba a punto de comprarlo o después de ya tenerlo por un tiempo?

Usted se dará cuenta que el viaje hacia la meta siempre le dará grandes niveles de emoción si lo sabe valorar.

Se trata de un cambio de paradigma, de aprender a ver el proceso como parte de su meta final, siempre enamorado del final, pero sin la desesperación de estar ahí, porque usted desea pagar el precio de llegar y los niveles de satisfacción personales serán algo que no se puede describir en palabras.

El final usted no lo disfrutará mucho si no siente que le costó llegar ahí. Siéntase un luchador para que después pueda sentirse un ganador. Un premio construido por alguien más no le hará sentir que el premio es suyo, no espere que otros paguen el precio que le toca a usted pagar.

Un buen ejemplo de esto son los niños que crecen y obtienen el éxito de sus padres, después no saben qué hacer con él. Si sus padres no idearon maneras para que sus hijos también puedan sentirse ganadores, entonces simplemente saben que no se trata de ellos mismos, sino de sus padres. Ellos gastarán el dinero, se meterán en toda clase de placeres, su mente estará más propensa a cometer toda clase de errores porque tienen una gran desventaja... "cuando a alguien no le cuesta algo, entonces no sabe valorarlo".

Las dificultades que enfrentas te muestran el valor de todo lo que haces.

Posiblemente tenga deseos de valorarlo, sienta que tiene que valorarlo, piensa que lo valora, pero en la práctica no sabe qué hacer, porque esas son cosas que se aprenden con la experiencia.

También hay otros casos como las personas que están en la meta, pero por el mérito del precio y la influencia que han pagado otros y no por su desempeño para habérselo merecido entre todos los demás; eso hará que cuando la persona llegue a la meta, no será su preparación la que esté operando, sino la posición ilusoria por estar ahí.

¿Sabía que hay gente en posiciones de gobierno, ejecutivas, académicas, que no califican para estar ahí? Pero lamentablemente lo están y se comportarán como tal. Así funcionan las cosas cuando alguien no pasa el proceso de convertirse en el éxito que quiere experimentar.

Se puede tener dinero sin sentir el éxito. Se puede tener el auto de sus sueños sin sentir el éxito, se puede vivir en los niveles altos y usted sentirse en los niveles bajos emocionales.

La razón es sencilla: "si usted no pagó parte del precio para sentirse merecedor, se comportará como tal". Es una sencilla razón que se debe apreciar.

Entrenado para manejar su tiempo.

El tiempo es la vida misma, su vida es un periodo de tiempo entre 1 y 100 años.

En lo que invierte su tiempo, es en lo que está invirtiendo su propia vida, el que pueda dejar algo para mañana no significa que se va a ahorrar el tiempo de hoy, simplemente decidió gastar el de hoy y está tratando de invertir bien el de mañana, pero una persona que se atreve a dejar algo para mañana que es inteligente hacerlo hoy, es probable que tampoco mañana lo termine haciendo, porque en términos generales, este tipo de personas tienen malas costumbres y hábitos de postergación y dilatación.

Hay dos tipos de personas que derrochan su vida (su tiempo):

Los que invierten mal su tiempo.

Los que no hacen nada con el tiempo.

Los primeros están encaminados en lo que ellos quieren como persona, pero no emplean su tiempo adecuadamente, se distraen mucho, no ponen como prioridad lo primero; un sinfín de cosas que terminan de dos maneras, cosas que deberían hacerse en un tiempo razonable no se terminan haciendo o se hacen mediocremente o con demasiado tiempo que se perdió en el proceso.

En mi libro "Mi Primer Millón» hablo acerca del valor del tiempo y del dinero, y menciono una frase que me serviría mucho aquí: "Todo lo que usted no respete se va de su vida". Eso incluye el dinero y también el tiempo; el tiempo es preciado, no espera por nadie, usted lo puede derrochar haciendo cosas que mueren en el momento en que lo hizo o haciendo cosas que continúan aun después de haberlo hecho, pongamos un ejemplo:

Fulanito de tal cree que la vida es corta, el cree disfrutar la vida y pasa todo el día buscando cómo entretenerse, a los tiempos a solas, les llama soledad y a los tiempos donde no está entretenido, les llama aburrimiento; esto causa que siempre esté conectado a las redes sociales, bajando juegos al celular, viendo videos de YouTube, películas y series, etc., es un hábito desenfrenado por sentirse entretenido. Fulanito tiene su trabajo y mientras tenga la oportunidad de robar el tiempo por el que le pagan, lo hará.

¿Cuál piensas que es el problema de esta vida placentera? Te lo diré sin tapujos.

Esta persona no tiene futuro, de esta manera, lo más probable es que será víctima de sí mismo, normalmente vive de cheque a cheque, pero en cuanto ocurra cualquier cosa pequeña, caerá en una emergencia, porque la gente como él tiene otros malos hábitos, por lo general tienen 5 que voy a enumerar.

1. No ahorran dinero. Esto hará que siempre estén tan cerca de ahogarse con el próximo problemita económico que enfrenten.
2. Tiempo mal invertido. Al no invertir bien el tiempo, éste se pierde, siempre se la pasarán teniendo que buscar tiempo para que las cosas ocurran.
3. Malas relaciones. ¿Quiénes son los amigos íntimos de la gente pobre? Otros pobres como él. ¿Quiénes son los amigos de la gente que se la pasa todo el día perdiendo el tiempo? Otros como él.
4. Los que no tienen planes presentes ni futuros. Ellos no siguen un plan de éxito y mucho menos tienen uno, ellos viven de suerte en suerte y de accidente en accidente.
5. Los que no están entrenando la mente para las oportunidades de éxito y supervivencia. Hoy en día, las máquinas, el internet, la globalización, los sistemas y otras personas más competentes están reemplazando al ser humano y mucho más al ser humano incompetente.

¿Qué mensaje le envía esto a usted? Que no es una opción inteligente ser negligente.

Hoy más que nunca tenemos que adaptarnos a los tiempos, la vida demanda un ritmo rápido y enfocado en resultados, el tiempo es su mejor activo, si no lo aprovecha ahora que puede, ¿cuándo lo piensa hacer?

El líder que está en ti sabe que no se puede ir muy lejos sin aprovechar bien el tiempo, es por eso que te ayudaré con varios comentarios adicionales.

Una nueva perspectiva del tiempo.

Es parte del ser humano buscar la complacencia, el ser humano por naturaleza huirá de lo que le causa dolor o incomodad y se acercará a lo que le causa placer; pero de la misma manera en la que usted encontró placer en lo que hace, también puede sugestionar su mente para que encuentre placer en lo que debe hacer para su éxito personal.

El ser humano es un ser de hábitos, de la misma manera en la que usted usó el tiempo para crear un mal hábito, también puede crear uno bueno.

Toda persona con éxito también hace en pequeñas cantidades las cosas que a los fracasados les gusta hacer en grandes cantidades *y los de éxito hacen en grandes cantidades aquellas que a los fracasados no les gusta hacer.*

La razón por la que la sabiduría está tan vinculada a los años de vejez no es sólo porque las personas han acumulado mucha experiencia durante tantos años, sino porque durante su juventud no buscaron la sabiduría, hasta que entró la madurez.

Pablo dijo: *cuando era niño pensaba y hablaba como niño, mas ahora soy grande.*

Entienda que se puede ser adulto sin ser maduro, hoy en día le llaman adulto a quien tiene la mayoría de edad, no a quien ha acumulado la sabiduría que requiere ella.

Mientras más tarde empiece, más alto será el precio que terminará pagando, el tiempo sigue siendo su mayor tesoro.

Buenos hábitos buenos resultados, malos hábitos malos resultados.

Si pudiéramos resumir el éxito, si pudiéramos simplificar las enseñas en una sola frase sería:

"Buenos hábitos buenos resultados, malos hábitos malos resultados".

Así es la vida, es aquello que hacemos repetidas veces por el tiempo necesario lo que nos cambia la vida y también lo que la mantiene cambiada.

¿Qué es un hábito?

Es una conducta que se repite de forma subconsciente sin ninguna presión mental.

Las cosas que no nos gustan que nos ocurran están atadas a malos hábitos que debemos identificar.

Es difícil quitar un hábito, pero es más fácil reemplazarlo.

Un hábito en una persona es como la palabra sistema en los negocios.

¿Qué es un sistema?
Es la repetición de un resultado que desea que se repita una y otra vez sistemáticamente.

Ej. McDonald's encontró una manera de servir a la gente de forma eficaz y creando buenos resultados e implantó un sistema para repetirlo una y otra vez y que se vea de la misma manera en cualquier restaurante McDonald's del mundo.

Imagínate que puedas vivir una vida donde hayas identificado las conductas que te causan éxito y que de ellas puedas crear un resultado repetitivo, es decir... crear buenos hábitos.

Para muchos la palabra hábito le puede sonar a sacrificio, ya que algunos hábitos que tienen se crearon subconscientemente, la realidad es que cuando te enfocas más en el premio final que en el proceso que tienes que pasar, se hace más fácil empezar el camino.

Algunas veces perderás el hábito.

Si pierdes un buen hábito tienes que pelear por recuperarlo, perder un buen comportamiento sería renunciar a un buen resultado.

Recuperar buenos hábitos es más fácil que hacerlo por primera vez, ya que una vez pudiste conquistar ese comportamiento repetitivo.

Hábitos **que cambian la vida y te ayudan a conquistar tus sueños.**

He aquí algunos, pero continúa enumerando qué otros hábitos te gustaría implementar.

1. *Leer libros, escuchar audio libros, ir a conferencias, buscar la sabiduría donde se encuentre.*
2. *Aprende a escuchar a la gente correcta.*
3. *Cuida lo que comes, suplementa el cuerpo muy bien y añade ejercicios.*
4. *Levántate temprano y aprovecha más del día, no duermas más de 8 horas.*
5. *Evita las distracciones que son todo aquello que no está alineado con tu propósito.*
6. *Trabaja muy fuerte, más de 8 horas diarias y hazlo en lo que amas hacer.*

Imagina tu vida con hábitos que la cambian, imagina de qué serías capaz si de forma subconsciente pudieras vivir repitiendo buenos comportamientos.

Vale la pena luchar por ellos, valdrían la pena si el premio es demasiado grande.

Todos tenemos hábitos, la mayoría de las cosas que hacemos durante el día las hacemos por reflejos, las hacemos con el subconsciente, lo que significa que estamos programados para hacerlo en automático.

Si puedes identificar tus hábitos podrás identificar tus comportamientos de fracasos y de éxitos.

El primer paso para vencer un enemigo es reconocerlo, es difícil pelear contra enemigos que no puedes ver.

Haz una lista de todos tus malos y buenos hábitos que causan grandes diferencias, ya sea para bien o para mal.

Haz la lista y conocerás tus debilidades y fortalezas.

Los hábitos malos son difíciles de quitar, pero son más fáciles de reemplazar.

"El ser humano tiende a alejarse de lo que le causa dolor y se acerca a lo que le causa placer".

En muchas ocasiones entramos en malos hábitos porque había placer en hacerlo, sabíamos que había consecuencias, pero las obviamos, porque nos enfocamos en la parte placentera y repetimos el comportamiento y ahora se volvió costumbre y un mal hábito del que se nos hace muy difícil salir de él, pero existe un método para reemplazarlo.

Haz lo que te gusta hacer para reemplazar otra cosa que también te gusta pero que es un mal hábito.

Ej. 1. Te gusta ver mucha televisión, pero también te gusta leer, pues la clave es llenarte de los mejores libros que te inspiren a seguir leyendo.

Ej. 2. Te gusta comer mucha grasa en las comidas, pero también te gusta mucho la papa mojada con huevo, la clave es llenar la nevera de lo que también te gusta y que es más saludable.

El punto es que, así como te gusta lo malo, también hay cosas que te gustan dentro de lo bueno y debes llenar tu vida de eso.

Ese principio se adapta en todas las áreas de tu vida.

"Deja de estar peleando con tus malos hábitos, pero llénate de buenos hábitos y los malos desaparecerán sin darte cuenta".

Capítulo 5
Enfoque del líder

Una mente dividida no puede prosperar.

Esto es una gran verdad y se aplica a la importancia que tiene la concentración en lo que es más importante.

Hacer de lo importante lo más importante, poner de lo primero lo primero, como nos ha enseñado Steven Cobey.

Usted no puede rendir a su máximo si su mente no está enfocada totalmente, su capacidad puede ser grande pero su dedicación y compromiso tienen que estar acompañados de su capacidad o talento.

La falta de enfoque trae muchos riesgos de que las cosas no se empiecen o no se terminen o tarden mucho más de lo necesario.

El ser humano puede hacer muchas cosas en su mente subconsciente, pero muy pocas a la vez con su mente consciente y, si quiere rendir al máximo, debe ser una sola a la vez.

Saber lo que tienes que hacer y no hacerlo es lo que más frustraciones trae a tu vida, no puedes entender por qué te fallas tanto; tu autoestima, tu nivel de seguridad, la confianza, disminuyen cada vez que te fallas a ti mismo.

¿Cuántas veces has estado en una de estas circunstancias?

Estas estudiando, trabajando, etcétera, pero de momento te entretienes con el teléfono, Facebook o te distraes con la televisión o gente cercana.

Podemos colocar cientos de casos donde vemos que la falta de enfoque fue la razón principal por la que no se pudo terminar la tarea o se terminó mediocremente.

También podemos ver que la persona que tiene problemas para enfocarse los tiene también para enfocarse cuando trabaja en equipo con otras personas.

Mientras más gente hay, más enfoque se requiere, ya que cada persona tiene una mente creativa para sacar de la nada un chiste, un cuento, una noticia, entre otros. Todo lo que te saque de tu propósito lo debes considerar como un enemigo de tus logros.

Hay mucho poder en trabajar en equipo y multiplicar los resultados, es por eso que hablaremos un poco más de ello en capítulos posteriores.

Planee su éxito no su fracaso.

"La gente fracasa más por no planear que por planear y fracasar".

Un plan es cuando usted organiza sus ideas, pensamientos, sus intenciones de cómo quiere que algo suceda.

Hay un dicho que dice: "Si lo puedes ver lo puedes crear".

Cuando usted es capaz de ir al futuro, vivirlo y luego volver al presente a escribirlo y luego volver a vivirlo en el mundo real, eso es planear su futuro, organizar su vida de tal manera que se parezca a como lo visualizó.

Debe planear a corto, mediano y largo plazo.

Tener un plan para el día de mañana, plan semanal, mensual, trimestre, anual y plan de 5 años.

¿Qué impacto puede tener en su vida tener un plan definido?

Numerosos estudios han demostrado que las personas que tienen un plan tienen mayores probabilidades de alcanzarlo.

"Cuando usted no planea su futuro, está planeando su fracaso".

Así que la persona que no planea está planeando fracasar.

Muchas veces quedará conforme con los resultados a pesar de que no planeó ese momento, ya que muchas cosas son espontáneas.

"No existe éxito permanente por esfuerzos temporeros".

"Si cambian sus acciones cambian sus resultados".

Todo requiere mantenimiento, si usted descuida ciertas áreas, esas áreas se convierten en grietas por donde empezará a salir el éxito hasta que ya no quede nada.

Mire qué tan negativo es esto, si no planea no tiene éxito y si llega a experimentar algo de éxito, la falta de planeación y descuidos preventivos se terminan comiendo los resultados poco a poco. No vale la pena vivir sin planear.

A la mayoría de la gente no le gusta planear por la pereza que le causa, sienten pesadez de separar ese tiempo y prefieren invertirlo en otras cosas más placenteras.

Es importante entender que usted tiene una doble personalidad, una que está tomando decisiones en forma consciente y otra en forma inconsciente. Así que uno debe encontrar la manera de hacer que la mente consciente y la inconsciente trabajen a su favor y no en su contra.

"La vida deja de ser difícil cuando aprendes a estar un paso adelante de ella".

Cuando tu vida está planeada y tus acciones respaldan tu plan, pues lo más normal es que los resultados se parezcan a lo que planeaste.

Trabaje siempre con un plan en mente.

Planear su vida antes de vivirla es lo mejor que le puede pasar. La gente a la que otros tildan de suertudos, lo que tienen es mucha planeación organizada.

Usted siempre está tomando decisiones, aún la decisión de no hacer nada, porque todo es una decisión. Todo cuenta en cuanto a todo; la ley de la causa-efecto funciona en todos los casos y bajo todo tipo de circunstancias; ella siempre le dará el efecto de las causas.

Si todas las decisiones son una causa, entonces es bueno aprender a ser causantes, para tener más control sobre los efectos que deseamos.

Aunque a usted no le sea del todo comprensible como ser humano, ha creado todo lo que es hoy y creará todo lo que será mañana. Para que una persona se mueva en una dirección, sin importar cuál sea, si es para una dirección de salud o enfermedad, de éxito o de fracaso, la persona primero lo tuvo que concebir en su mente, luego mantener esa idea, después creer en la idea y por último comportarse como si lo creyera.

Analice el siguiente ejemplo:

La persona posiblemente no quiera una enfermedad, pero pensó que, si seguía comiendo de tal manera y sin hacer ejercicio, terminaría con diabetes y como viene de una generación familiar donde mueren de cáncer, del corazón y padecen diabetes, pues es probable que también le pase; entonces la persona lo piensa, lo habla, lo cree, se comporta de forma subconsciente para terminar con esos resultados.

No es lo mismo la persona que piensa: "Soy saludable y estoy lleno de vida...", posiblemente no lo esté, pero pronto lo estará si realmente lo cree y su comportamiento se alineará pronto con sus creencias.

Diferente al que piensa: "No estoy comiendo saludable y si sigo así perderé la vida...", y lo normal es que la termine perdiendo prematuramente.

Lo mismo pasa para el que tiene éxito; todos los pensamientos, declaraciones, creencias conscientes e inconscientes, y por consiguiente también su comportamiento, están alienados para resultados de gente de éxito.

Si usted fuera a evaluarse ahora, ¿en qué categoría cree que está?

¿Gente con conducta de fracaso o de éxito?

Jesús dijo: "Así como piensa en su corazón, tal es él".

La persona terminará convirtiéndose en aquello que ya cree que es.

Ya sabemos que todo lo que se ve, fue hecho de todo lo que no se veía; entonces, usted debe aprender a respetar las leyes que gobiernan este universo y que no pueden ser violadas. El mero hecho de que no las vea, no significa que no las esté siguiendo en su vida. Si usted cree o no en la gravedad, de todas maneras, caerá al piso si se lanza del quinto piso de un edificio; de la misma manera, respete aquellas leyes que gobiernan su éxito o su fracaso en la vida.

La ley de atracción es una de ellas, se ha escrito mucho sobre ella, pero apenas la vamos comprendiendo, porque las investigaciones dicen que eso es mucho más poderoso de lo que hemos comprendido y experimentado.

Nosotros movemos el mundo de dos maneras.

1. Por medio de nuestra mente individual, donde nuestros pensamientos son cosas.
2. Por medio de la mente colectiva, donde la forma en la que piensa la mayoría es lo que más abunda como resultado.

El día que el mundo deje de creer en la pobreza, ese día terminará; el día que la gente crea que son hechos realmente a imagen y semejanza de Dios, ese día empezarán a utilizar un poder que está escondido en nuestra otra parte del cerebro inactiva.

Lo bueno de su presente es que él no tiene que parecerse a su futuro; usted puede elegir de tal manera, que pueda crear uno mejor.

Vamos a meternos más de lleno en el tema de planear su vida, 10 cosas que necesita aprender:

1. Usted vive el final en su mente y luego en su vida.
2. Usted puede darle la vuelta a las circunstancias de vida que no quiera que sean parte del futuro.
3. Piense sobre el papel, siempre esté mirando en una hoja de papel sus mejores pensamientos.
4. Tenga siempre un plan, un guion, algo que le dé dirección.
5. Sea flexible si necesita modificar el plan, pero no cambie la meta.
6. Prepárese para lo peor, anticipe estrategias y luego sea positivo sobre el mejor resultado posible.
7. Deje que otro con mayor preparación que usted le revise sus planes.
8. Tome la crítica como información valiosa y gratuita que ahora podrá usar para mejorar.
9. No tenga miedo de volver a empezar; la actitud siempre debe ser: "esto no termina, hasta que lo haya logrado."
10. Utilice a los mejores para que puedan ayudarle durante todo el proceso.

Tu día ideal.

¿Cómo sería tu día ideal? ¿Cómo sería repetir ese buen día como un hábito permanente?

"Un buen día, repetido muchas veces es un mes productivo, un buen mes repetido muchas veces es un año productivo y un buen año repetido muchas veces es prosperidad a largo plazo".

No importa cuánto talento tengas, qué tan grande sean tus aspiraciones, cuántos recursos tengas a tu favor, si no sabes manejar tu tiempo, si no sabes qué hacer con las 24 horas que tienes cada día y no usas parte de ellas para que trabajen para tus metas, no pasará nada grande.

También debes reconocer que un día ideal incluye cambios, son grandes logros y que, a su vez, sin importar cuánto lo repitas, debes también hacer que los cambios se adapten a tus ideales.

¿Qué es un día productivo?

Es la sensación de pequeños resultados que te acercan más a la meta...

Para un vendedor es cuando hizo algunas ventas o se llenó de contactos, entre otras cosas. Para un ejecutivo puede ser cuando cumplió todos los compromisos del día, cuando se reunió con las personas importantes, cuando cerró contratos para la compañía, entre otras cosas.

Para un trabajador de empleo convencional, un día productivo es aquél en el que cumple tareas a tiempo, exactas y organizadas para el mejor servicio que brinda en alguna compañía.

Todo el mundo sabe realmente cuándo su día es productivo y qué se requiere dentro de su trabajo, negocio, profesión o vida personal para sentirse productivo.

Haz una lista de cosas que deben ocurrir en tu vida diaria para sentirte productivo.

¿Cómo sería un buen día para ti en términos generales?

Haz aquí una lista de cosas por hacer desde que abres los ojos hasta que los vuelves a cerrar.

1.
2.
3.

Cada persona productiva ha desarrollado días productivos, crean hábitos de esa rutina a largo plazo y el éxito parece que los persigue durante toda su vida.

Planea tu vida, planea tu día, planea tu futuro y encárgate de sólo sostener el hábito que te ayuda a mantener tu productividad.

¿Ya tienes tu lista de cosas por hacer? Me refiero a tu rutina diaria. ¿Ya tienes tu agenda de éxito?

¡Pues bien! Ahora vayamos al segundo paso.

5 pasos para crear una agenda de éxito:

1. *Crea una rutina diaria.*
2. *Analiza si esa rutina hará exitoso tu día.*
3. *Verifica si esa rutina de éxito, mantenida por el tiempo necesario, te llevará a cumplir el objetivo mayor.*
4. *Crea una mentalidad de conquistar el día y no de conquistar la meta, en pocas palabras, la meta grande es el resultado de crear un hábito con la rutina de cada día, así que el indicativo es que no te darás por vencido hasta que logres cumplir una y otra vez lo que te propusiste cada día. Nunca tendrás que preocuparte del futuro nuevamente, ya que tú tienes el control con las repeticiones frecuentes de cada día.*
5. *Si fallas vuelve a empezar; si vuelves a fallar, vuelve a intentar; si fallas 7 veces, pues levántate 8, pero está prohibido abandonar, está prohibido volver atrás.*

"El tamaño de tu agenda determina el tamaño de tus resultados".

Esto significa que tu agenda no puede estar vacía de las cosas importantes, el día debe tener intención, no puedes llegar al día y ver qué incendio hay que apagar.

La vida es tiempo, el tiempo es la vida misma, y como sabemos... todo lo que dejes al tiempo, al tiempo se lo queda.

Eso aplica para las relaciones, las finanzas, tu pareja y todo en general.

El principio de cualquier relación es el respeto hacia ello.

Cuando respetas el día, cuando respetas el tiempo, cuando respetas la vida misma, ése sentido de aprovechar, mantener y cuidar, siempre estará en ti, y no sólo eso, también harás que los demás lo respeten, así que no dejarás que la gente ande jugando con tu vida, que es tu tiempo.

Tu tiempo y tu vida te pertenecen y son tan importantes e invaluables que, por lo tanto, respétalo porque te lo debes a ti mismo.

¿Cómo planear un día productivo?

"Planea tu día desde la noche anterior, repasa tu día al levantarte, sigue según el plan sin desviarte del mismo".

10 minutos de planificación diaria para hacer que las cosas pasen, en vez de esperar a que pasen las cosas, este tiempo te ahorrará muchas horas de tiempo perdido, te hará más efectivo y consciente de hacer de lo importante, lo más importante.

Hemos aprendido -de los mejores libros de administración del tiempo- que si hacemos:

1. *Un listado de cosas por hacer.*
2. *Lo ponemos en orden de prioridades.*
3. *Hacemos de lo importante, lo más importante del día.*
4. *Aprendemos a delegar tareas.*
5. *Nos enfocamos en el 20% que produce el 80% de los resultados.*
6. *Tenemos una meta a la que le estamos apuntando.*
7. *Tenemos planeado cómo queremos que sea nuestra semana, nuestro mes y qué queremos que ocurra en el año.*
8. *Bloqueas las distracciones que roban tu atención.*
9. *Evitas exponerte a las influencias que roban tu energía y tu fe.*
10. *Valoras el tiempo como si fuera la vida misma.*

Tenemos que trabajar a diario con nuestra mente, evitar dejar que los pensamientos nos gobiernen, dejar que escojamos, como dominantes, los que formen nuestros hábitos y desarrollen las destrezas y habilidades necesarias para el logro de metas.

El tiempo no lo puedes atrasar, no lo puedes adelantar, no lo puedes ahorrar, no lo puedes invertir para ganar más tiempo, sólo puedes vivir cada momento haciendo que haya valido la pena vivirlo. Emplea tu tiempo para que trabaje para ti basado en tus metas, objetivos, las cosas que te causan felicidad, vivir con un sentido de propósito y destino.

"A medida que madures, entenderás la importancia del tiempo en tu vida, entenderás que son de las pocas cosas que no podemos controlar, pero sí aprovecharnos de ello".

Las distracciones.

¿Cómo afectan las distracciones hoy en día?

¿Cómo afecta el desenfoque, la falta de carácter para hacer lo que se debe hacer?

Estos enemigos destruyen relaciones, amistades, colegas, emprendedores, gente talentosa, entre otros.

Cuando se mezcla lo que nos hace sentir cómodos con lo que se tiene que hacer, es cuando se pone difícil el camino.

Las distracciones afectan nuestros propósitos en la vida, nos desvían del rumbo transcendental en el que partimos. Ellas nos provocan la pérdida de concentración en todo lo que nos enfocamos, de modo que debemos atender con prontitud este tipo de desafío que nos atraerá a cualquier estímulo que tengamos fuera de nuestro propósito.

Una mente con la costumbre del auto sabotaje puede tener un plan detallado, un mapa fácil de seguir, la dirección exacta del lugar, un instructor acompañándolo en el camino, pero de todas maneras, de forma subconsciente, termina haciendo algo para que no logre lo que se propuso.

Mientras más cerca se ven de la meta más distracciones y desvió le crea la mente.

¿Quién podrá prosperar así? ¿Quién podrá salir adelante con una mente claudicando en dos pensamientos?

Con una mente dividida que nunca se pone de acuerdo cuál de los dos puntos va a seguir, cómo se puede lograr algo con la mente ideando planes alternativos para matar todo lo creado.

Tienen las mejores intenciones, talentos y recursos necesarios, pero tienen el peor comportamiento derrotista que se ha visto en los fracasados a sí mismos.

¿CÓMO SE PUEDE SALIR DEL AUTO SABOTAJE, DE LA AUTO COMPLACENCIA Y DE LAS DISTRACCIONES?

La respuesta está en qué tan grande sea el hambre y los sueños del futuro, qué tan harto estás de la vida que tienes y quieres un cambio, si habrá algún fuego que te consume por dentro por lograr cosas más grandes.

Algunas ideas que te podrían funcionar.

1. Aléjate de toda distracción.
2. No te expongas a lo que te saca del camino.
3. Aléjate de aquellos que no valoran el tiempo.
4. Haz primero lo primero, haz de lo importante lo más importante, ve por las prioridades.
5. No pierdas de vista tu norte, tu por qué, la razón por la que lo estás haciendo.
6. Trabaja sólo con la gente correcta.
7. Aprende a soltar rápidamente a alguien que ya cambio de opinión.
8. Mide tus decisiones basado en el comportamiento de la gente.
9. Sepárate para algo, es decir, tienes que meterte de lleno al 100% en lo que estás haciendo.
10. Tienes que entregar el corazón, si lo vas hacer, hazlo bien hecho, deja de jugar con tu presente, deja de destruir la posibilidad de un buen futuro.
11. Obliga a tu mente por medio de la autosugestión para que mueva todo su poder creador a favor de tus metas. hazle sentir que eres un ganador y que ella está ahí para hacerte ganar.
12. Llena tu vida de pequeños logros, acostumbra tu sistema nervioso y mental a que vean como normal el logro de metas. En el próximo capítulo hablaremos más de esto.

"La vida sólo te entrega aquello que has creado con tus pensamientos y comportamientos".

Capítulo 6
Si usted cree que puede.

"Si usted cree que puede o que no puede, de todas maneras, está en lo cierto". Henry Ford.

*L**a gente incrédula pasa demasiadas vergüenzas, siempre aparece alguien logrando aquello que otros dijeron que no era posible.*

Nosotros somos hechos a imagen y semejanza de Dios, el mismo Jesús dijo: "Ustedes se maravillan por mis obras, pero mayores cosas que éstas ustedes harán..."

Y tenía razón, el don que se ha depositado en nosotros puede ser desarrollado en tal magnitud hasta donde puede crecer nuestra fe y nuestras creencias.

Entonces vemos en la historia del ser humano los inventos y descubrimientos que han aumentado la fe de los demás y, hoy en día, es normal ver creación tras creación, descubrimiento tras descubrimiento... la ciencia está muy avanzada, en los últimos 100 años se han inventado más cosas que en todos los siglos anteriores.

"Todo lo que la mente humana puede percibir y creer lo puede lograr".

La gente cree que es posible para otros, pero la pregunta es si ellos creen que es posible para ellos.

La gente sabe que se puede tener éxito en la vida, pero no están seguros si ellos pueden tener ese éxito.

Así que vamos a tratar con tu fe, con tus expectativas, con tus convicciones.

¿Por qué se te hace difícil creer que no es posible para ti?

La respuesta está en el pasado, una persona con una cantidad de fracasos y pocos logros normalmente no ha desarrollado su fe.

Estimula tu creencia de logros con pequeños logros.

Alguien que nunca ha pasado un examen con A no tendrá la creencia de graduarse con altos honores.

Alguien que piensa que no es bueno en matemáticas no creerá que pueda ser contador.

Alguien a quien nunca han subido de puesto en su trabajo no creerá que podrá llegar a ser el vice presidente de la compañía.

La mente debe ser estimulada con pequeños logros, debe ir aumentando su fe gradualmente.

Es posible ganar millones de dólares al mes, pero no será muy posible para alguien que no llega a $100,000 dólares al año.

Es una meta irreal, por lo tanto, debe ir gradualmente de $100,000 y luego $200,000 y luego $400,000, y así consecutivamente.

Se recomienda que la persona tenga metas en aumento de sus logros pasados en un 50% a 100% más, en un 20% como una meta aceptable, la razón es porque tu mente la verá como alcanzable y se pondrá a trabajar inmediatamente en eso.

Mientras más real sea la meta para tu mente más efectiva será la mente con el logro de esa meta.

¿Qué puedes hacer para aumentar tu creencia en ti mismo?

Haz una lista de pequeños logros, cosas pequeñas, pero estos le darán una inyección de estímulo a tus emociones y convicciones.

Ejemplo:

* *Te levantas a las 8 am, pero ahora decides que será a las 7 am pase lo que pase.*
* *Siempre llegas tarde, pero ahora decides llegar 15 minutos antes a todas tus citas.*
* *Ves mucha televisión, películas, etcétera, pero ahora decides separar una hora diaria para leer y escuchar libros, ver conferencias en YouTube, etcétera.*
* *Vas a aumentar tus ingresos un 10% cada mes hasta que llegues a duplicarlo, si ganas $1,000 al mes, pues el próximo mes hay que buscar $100 extras y luego $200 extras.*
* *Vas a bajar de peso una libra a la semana, eso te dará la creencia, con el tiempo, que puedes bajar las 40 libras que buscas.*

Así es la vida... son las pequeñas cosas que hacemos todos los días las que nos llevan a lograr grandes resultados.

No es el esfuerzo grande de un solo día el que te cambia la vida, son los pequeños esfuerzos constantes de cada día los que lo hacen.

Capítulo 7
Manejo de crisis para un líder

La fortaleza de un líder en medio de la crisis.

Las crisis son inevitables, los tiempos malos siempre van a llegar, pero cuando llegan, más vale que sepamos cómo lo podemos superar. Si usted ha llegado hasta donde está es porque ya de por sí es un campeón, ha estado manejando una crisis tras otra a lo largo de su vida, así que no tenga miedo de las posteriores, ellas aparentan ser diferentes, pero se parecen en muchas cosas. Es posible que usted se las haya arreglado en forma consciente o inconsciente para manejar un problema anterior, pero puede ser que se sienta intimidado con la idea de seguir lidiando con más crisis, pero le tengo algunas observaciones al respecto.

No son los problemas los que tienen que hacerse pequeños, es usted quien tiene que crecer por encima de ellos.

Cuando el camino se pone duro, los duros se ponen en el camino. Claro que a veces sentimos que las mayores cargas las destinaron a nosotros, pero debemos entender que, mientras más grande es el propósito, más grandes son los procesos, mientras más gloria vaya a obtener, más batallas debe luchar.

Mucha gente conoce la gloria de cada líder, pero no la historia de ellos. La historia justifica sus éxitos, si usted supiera por todo lo que tuvo que pasar cada persona que hoy está en la cima de su profesión, esa persona se habrá ganado su total admiración.

El líder que está en ti también tiene esa fortaleza, mientras más fuerte sea usted como líder, a más personas puede liderar. La gente le seguirá más por su capacidad de saber qué hacer cuando las cosas se pongan difíciles, que por saber qué hacer cuando todo va bien. Usted será más recompensado por el tamaño de los problemas que resuelve que por cualquier otra razón.

Usted no tenía idea de su capacidad de soportar problemas hasta que tuvo que pasar por uno muy fuerte, hoy usted es la suma de todos los retos a los que se ha enfrentado, su fortaleza proviene de ser un sobreviviente. Si los problemas son inevitables, si los fracasos son parte de la receta del éxito, entonces deje de ver los problemas y el fracaso como enemigos, la pasará mejor si se lleva mejor con ellos.

¿Sabe lo aburrida que sería la vida si todo le sale bien? Imagine que usted se subirá a un escenario a contar su historia, abajo hay mucha gente esperando escuchar una historia interesante y llena de retos, victorias, lágrimas, bailes, fracasos y éxitos, pero no, porque su historia es una donde nació en cuna de oro, nunca ha perdido nada y todo lo que quiere se lo dan al momento, nunca ha tenido que trabajar y no conoce el fracaso. ¿Qué le parece una historia como ésta para contar? ¿Quién desea escuchar algo así? ¿Le gustaría que esa historia fuera la suya? Es verdad que preferimos una vida más interesante, lo que trato de hacer es que le guste más su vida, es que la vea más como una película, una novela, un documental sobre su vida, algo donde usted es el autor de la próxima escena y que todo el mundo espera verla.

El fracaso no se evita, simplemente se enfrenta, lo único que tiene que hacer es triplicar la tasa de fracaso, fracasar más veces de las que usted querría conscientemente, se dará cuenta que cada fracaso le estaba dando un nivel más alto de éxito. Es como aquel que se ha caído más de 20 veces de la bicicleta y por eso está más cerca de aprender que quien se acaba de subir por primera vez en ella.

Pasos para manejar una crisis inevitable.

1. No pierda la mente, haga todo lo posible para mantenerse en calma, sabiendo que es un trago muy fuerte, pero que no morirá en el proceso. Deje que se pierda todo menos su mente porque con su mente lo recupera todo de nuevo. Cuando escuché esto por primera vez de mi gran amigo, el pastor Otoniel Font, me dije: "*wau*, qué gran lección, es lo que he estado haciendo de forma subconsciente con cada fracaso al que me enfrento".

2. Confíe en la capacidad de resolver este problema como ya lo ha hecho en el pasado con los demás. A veces, la mejor manera de resolver el problema es viviendo un poco más de tiempo que ellos.

3. Mantenga la concentración en los hechos, no se ponga a imaginar un infierno que usted no ha visto, no utilice la imaginación en su contra.

4. Conozca la verdad real, muchas veces todo nuestro sufrimiento proviene de una mala interpretación de los hechos. Estar desinformado o mal informado es mortal para su salud emocional. Averigüe exactamente de qué tamaño es el problema, pero no le ponga una pulgada más.

5. Tome el 100% de la responsabilidad, gestione la crisis como el líder que es, acepte el reto de resolverlo y no de huir de él o de responsabilizar a otros.

6. Saque el líder creativo que hay en usted, invente un mínimo de diez maneras de resolver el problema, trate de llegar a veinte y luego, por eliminatoria, quédese con su mejor opción.

7. Póngase en movimiento rápidamente, no hay tiempo que perder, los líderes saben que mientras más pensativos estén, más les afecta el problema y menos harán por resolverlo.

8. Nunca pierda la integridad en el proceso, no trate de resolver un problema creando uno mayor.

9. Entregue lo mejor, espere lo mejor, pero esté preparado para lo peor, sea neutral, entienda que hace su parte para ganar, pero todo líder también tiene que aprender a perder.

10. El líder que no se rinde, siempre tiene ayuda del universo, algo de magia ocurre que abre puertas que nadie pensó que eran posibles; si persiste, si sigue probando, si se mantiene firme, usted siempre terminará victorioso, no siempre a la primera, pero tendrá éxito antes de que llegue la última.

Nunca se rinda.

Rendirse no es una opción, usted no sale corriendo cuando los demás lo están haciendo, cuando decide soltar todo es porque ya no existe nada. Puede abandonar la estrategia, pero no sus metas. Si las cosas no salieron bien, está bien volver a empezar, pero si ve que no debería, entonces es tiempo de volver a empezar de todas maneras, lo que quiero decir es que usted nunca se rinda, puede cambiar su estrategia, pero nunca pierda de vista su meta.

Sea flexible.

La capacidad de moldearse, de adaptarse, de encajar en la realidad es ser flexible, si usted quiere ser alguien de éxito y próspero y su estrategia es jugar béisbol y se lesiona y ya no puede jugar, entonces usted no abandona el sueño, ahora tiene que recurrir a otros medios para llegar a donde quería, a eso se le llama ser flexible para poder encajar.

Que usted no lo sepa no significa que no exista.

El que busca encuentra, si usted no para de buscar una respuesta la va encontrar. Consiga los resultados que busca por medio de las preguntas correctas. Si se hace las preguntas correctas, encontrará las respuestas adecuadas.

Cómo reponerse.

Cuando ya no quede nada y usted sienta que lo está perdiendo todo, entonces sería bueno que se llene de historias, biografías, documentales, películas inspiradas en la vida real, ahí usted recordará que todo esto es parte del proceso, que está pagando el precio del éxito. Los grandes líderes fracasaron 3, 4, 5, 10 o más veces antes de que dieran con la combinación de factores correctos para llegar al éxito.

No confunda sus sentimientos presentes con su imagen del futuro; si usted supiera cómo se sentirá, verá, pensará, tendrá y actuará, entonces no tendría lástima de su presente. No olvide que todo, a la postre, le hará bien, que al final de cuenta todo se tornará en bendición.

Le dejo con unas de mis frases favoritas: «Si no le gusta su presente, enamorarse de su futuro es lo mejor que puede hacer». «Si el premio es lo suficientemente grande, encontrará suficientes razones para seguir adelante».

Pensar es un problema cuando no se sabe pensar.

Pensar es un problema cuando no se sabe pensar, pues uno aprende a pensar cuando no tiene miedo a fallar.

Es por eso que decimos que debe darse permiso para fallar, para que su mente no detenga las ideas que le surjan y no las elimine antes de ponerlas en práctica.

Pensar es una de las tareas más difíciles que existen, es por eso que posiblemente tan poca gente se dedica a ella.

La gente que piensa es la que dirige a las masas, son los líderes que le dan dirección a aquellos que necesitan que alguien piense por ellos.

Nuestro pensamiento es autónomo, es por ello que hay pocos líderes, puesto que no todos pueden tener una mente dedicada al pensamiento crucial de lo que debemos hacer, el por qué y su razón, sólo piense en esto: ¿es acaso fácil pensar?

¡Por supuesto que sí lo es! Lo difícil es pensar con las preguntas correctas que nos llevarán a la respuesta correcta; eso hará que lleguemos al camino que deseamos recorrer y que rápidamente lo hagamos parte de nuestra vida y realidad.

La preocupación.

Después del odio no hay nada más destructivo que la preocupación, que es lo contrario de ocuparse en aquello que se piensa.

Ocuparse significa ejercer una acción, tomar una decisión, ya sea mental o física, pero con un enfoque hacia la búsqueda de soluciones. Usted puede entrenar su mente para que se la pase ocupándose de las cosas o preocupándose de ellas.

Si algo le preocupa, entonces demanda una acción, si no puede hacer nada, entonces ya no debería ocuparse mentalmente.

El problema de la preocupación es que destruye nuestro cerebro causando un descontrol en los sistemas del cuerpo y al final del día, en la mayoría de los casos, pasaron una de 5 cosas.

1. Las cosas nunca sucedieron.
2. Las cosas no sucedieron como se pensaba.
3. Lo que sucedió le hizo más fuerte como persona.
4. Se convirtió en una bendición inesperada, lo menos que se podía imaginar.
5. Nunca existieron razones para preocuparse, pues la persona ya tiene el hábito de andar preocupándose por todo.

¿Te ha sucedido algo así? ¿Te puedes identificar con algunas de estas opciones?

Hágase siempre esta pregunta: ¿esto es una circunstancia que está bajo mi control?, ¿es algo de lo que yo debo preocuparme? Si es así, entonces ocupe su mente en 5 pasos.

1. Qué es exactamente lo que está ocurriendo.
2. Cómo me afecta a mí y a la gente que me importa, lo que está ocurriendo.
3. Cuáles son las 21 posibles soluciones a este problema.
4. Cuál de todas estas opciones podría resolver mejor el problema.
5. Cuándo empezaré a solucionar el problema.

Si se fija, usted también pasará tiempo mentalmente en el asunto, pero la mente está creando y recreando soluciones y usted está creciendo con la experiencia.

Los retos, los problemas, las situaciones o como les quiera llamar, realmente son oportunidades increíbles para que pueda crecer por dentro, tanto como desea crecer por fuera.

Tiene que llevarse mejor con los problemas, debe verlos con buenos ojos, ellos son el puente que le cruza desde donde está, hasta donde desea ir.

Cuando algo demande su atención, entonces siempre busque la solución.

Mientras más activa sea su vida, más cosas acaparan su mente, es por eso que debe tener un sentido de urgencia para ir encarando las cosas que le preocupan a medida que se le presentan.

Aprenda cuándo es el mejor momento de ocuparse en las cosas, es por eso que Jesús dijo: "Cada día tiene su propio afán". Esto significa que usted siempre tendrá algo en qué ocuparse todos los días, pero cuando trata de traer todas las cargas del futuro a un solo día, entonces usted está sobrecargado mental, emocional y físicamente, y así es como viene su destrucción total.

Este tema es muy serio, porque la tasa de gente que se enferma muere o simplemente ya no tiene una buena vida, en parte es el resultado del mal manejo de las preocupaciones de su día a día.

Elimine estas 5 emociones.

1. El odio.
2. La culpa.
3. La condenación.
4. La envidia.
5. El temor.

Existen muchas otras, pero éstas son el origen de las demás.

Cómo le afectan estas emociones:

- El odio puede llegar a consumirlo por dentro, lo deja seco, vacío, lo convierte en una bomba reactiva a punto de explotar y lo termina matando.
- Una persona que se siente culpable, cree que tiene que pagar un alto precio, buscará de forma consciente y subconsciente, una manera de hacerse daño y por lo general lo logra.
- La persona a la que le gusta andar condenando a otros, señalando a otros, juzgando y dictando sentencias sobre lo que está bien y mal y sobre lo que debe pasarle a quien

no haga las cosas, es un tipo de persona nociva, dañina, es repudiada por los demás y por lo general termina viviendo las consecuencias de lo que anda sembrando en otros.

- Los celos no son malos, ya que ellos le ayudan a ambicionar, a experimentar cosas que usted ve en otros, pero los celos que se convierten en envidia sí son destructivos.
- La culpa y el temor son los peores enemigos del ser humano, por naturaleza, el ser humano tiende a alejarse de lo que le causa temor y acercarse a lo que le causa placer.

¿Cómo sabemos si algo era bueno o no, si nunca tuvimos la experiencia?

Hay ciertas cosas que son fáciles de discernir, pero no es de esa clase de cosas de las que hablamos, nos referimos al temor a lo desconocido, a la incertidumbre, el no saber qué pasará, hace que la persona tenga miedo de intentar. El sentido de seguridad es algo que mucha gente busca, tienen miedo a fallar, a tomar malas decisiones, a que las cosas salgan mal, a experimentar dolor, etcétera.

Le daré algunas ideas que le pueden ayudar a vencer el temor, ese monstruo que usted crea cuando no tiene certeza de lo que va a pasar y su mente necesita una respuesta y trata de darle una basada en su personalidad, ¿por qué decimos esto?

Si usted ha desarrollado una personalidad negativa, siempre viendo el vaso medio vacío, siempre viendo la parte trágica de las cosas, siempre pensando en el lado malo de la situación, esta conducta se refleja aún de forma subconsciente. Usted puede frenar su mente de la misma manera en que la entrenó para lo malo, también para el lado positivo. Usted siempre vivirá a la altura de sus creencias predominantes.

Su comportamiento está totalmente alineado a sus pensamientos, la forma en la que usted piensa es como actúa, si se siente un perdedor no tendrá conducta de ganador, si se siente alegre no se comportará triste, es por esta razón que usted debe comportarse como lo que quiere ser y lo será. No tiene que esperar a que sus sentimientos cambien a su favor, usted puede cambiar a su favor y lo harán también sus sentimientos.

Tus miedos y tus temores.

Mucha gente describe la palabra miedo en inglés como **FEAR -Falsas Evidencias que Aparentan Realidad-.**

No es lo que está pasando, es lo que tú estás percibiendo o interpretando.

La única forma de vencer el miedo es enfrentarse a él, el temor sólo desaparece desde el primer momento en que decides confrontarlo, pase lo que pase.

El miedo es uno de los peores enemigos del éxito, es posiblemente la causa número 2 del fracaso.

El poder más grande que tiene es que paraliza a las personas en la mayoría de las ocasiones, la persona no emprende nada nuevo, ni se mueve de su presente, ni le da una mirada a su pasado, solamente por miedo, por ejemplo:

Hay gente que no quiere ir al doctor por miedo a lo que puedan revelar los análisis.

Hay gente que no quiere ver su estado financiero o ver su reporte del banco, para no ver en qué gasta el dinero cada mes.

La gente le tiene miedo a todo, a veces a lo más insignificante, pero han hecho de eso un monstruo cuando siempre ha sido una sombra.

*El miedo no es totalmente malo, ayuda mucho cuando se sabe canalizar bien, hay ocasiones que el miedo te hace analizar bien una acción que vas a tomar y después te das cuenta que realmente sí te iba a pasar algo malo, así que el miedo nos ayuda a estar consciente de los riesgos y de las probabilidades, una persona con una fe desmedida es un fracaso permanente, el balance es saber cuándo es **sí** y cuando es un **no**, eso hará la diferencia.*

De lo que queremos tratar en este libro es sobre el miedo que te hace perder, el miedo que te roba, el que te quita todo lo bueno que pudo haber pasado.

Algunos ejemplos de temores son:

- *Tu trabajo no te gusta y sabes las cosas que te apasionan, pero decides no buscarlo por miedo.*
- *Ganas poco dinero como empleado, pero no quieres ser independiente y ganar 5 veces más, por el miedo a que todo salga mal.*
- *Tienes 10 años en un mal matrimonio, tu pareja no piensa cambiar, ya no hay amor, pero de todas maneras prefieres un camino destructivo, que uno desconocido con potencial.*
- *Un gran negocio, buena administración, poca inversión, 30 años operando, decenas de miles de personas ganando dinero, excelente reputación en sus productos, servicios y la mejor oportunidad de negocios, pero tú crees que eso no es para ti porque nunca has trabajado eso y las cosas podrán salir mal, perder el tiempo y el poco dinero... etc., etc.*

Como estos, hay muchos ejemplos donde el temor de hacer algo que sabes que debes de hacer, es el enemigo de la probabilidad de éxito que pudiste tener.

No alimentes el temor, deja que se debilite tomando acción en aquello que temes.

Fracasos temporáneos de la vida de un emprendedor.

La palabra fracaso está mal interpretada, las personas no fracasan mientras lo sigan intentando, las únicas personas que fracasan son los que ya se rindieron.

Si las cosas no salieron bien, significa que uno de tantos intentos no salió bien, por lo tanto, funcionará de otra manera.

Cuando haces algo y no tienes los resultados esperados, analiza que sí produjo otros resultados menores, que también son importantes.

1. Acabas de descubrir otra manera de cómo no se hacen las cosas.
2. Aprendes de la experiencia y la usas a tu favor.
3. Aumenta con la práctica, tu habilidad y tus destrezas, que sólo se obtienen con la repetición.

¿Qué es una fe desmedida?
Es cuando todas las probabilidades son tan obvias y evidentes que te llevan al fracaso.

Ej. Ya se anunció que la compañía quiebra para diciembre, pero tú continúas invirtiendo en ella por tu fe.

Es cuando tu esposa tiene 10 años demostrando que no te quiere, te pidió el divorcio, está conociendo a otra persona, pero tú sigues ahí por tu fe.

¿Cómo ganarle al miedo?

Simplemente decide enfrentarlo, ponte en una actitud de preferir morir en el intento, que renunciar por temor. No hay nada que haga más daño que la falta de decisión, cuando tomas una decisión analizando qué es lo peor que puede pasar, entonces lo haces y punto.

El análisis da parálisis.

Demasiado análisis te paraliza, le das rienda suelta a la mente para que siga recreando imágenes de las emociones que más sientes, lamentablemente son las negativas, por lo tanto, más miedo se apodera y abandonas la idea. Normalmente empiezas analizando la verdad de los hechos, pero terminas analizando una película de terror que no está fundada en los hechos. La imaginación puede ser maravillosa, pero si la usas para estar imaginando todas tus posibilidades de fracaso, ella tiene la capacidad de crearte escenarios irreales.

Hazlo ahora, hazlo ahora, hazlo ahora.

Esa frase te ayudará en múltiples ocasiones donde estés tentado a posponer, dilatar, dejar para después, renunciar, abandonar, analizar, o cualquier otra excusa para no sentir que es el momento correcto.

Repite mucho esta frase de hazlo ahora, hasta que se haga parte de ti, será un botón de propulsión que le dirá a tu mente que es tiempo de actuar.

Te va a ocurrir muchas veces cuando quieras abandonar una acción, pero dijiste las palabras mágicas «hazlo ahora» y de repente, tu mente paró de pensar, agarró una orden, la ejecutó y sin darte cuenta ya estas tomando acción.

Puedes tener el botón que te guste, para algunos es HAZLO AHORA, para otros es procederé ahora mismo, para otros es contar en retroceso 5, 4, 3, 2, 1, ¡ahora!

Escuché esta palabra de Anthony Robbins, Alex Dey y Brian Tracy y muchos otros y han cambiado mi vida para siempre, simplemente porque he mejorado mi comportamiento.

Los problemas son inevitables.

Los problemas son inevitables, pero tener éxito en medio de los problemas es opcional.

La crisis crea oportunidades, la mente humana necesita de retos y motivación para sacar su creatividad y sus niveles más elevados del potencial.

La gente se conoce más de lo que es capaz, en momentos donde se acaba la zona de confort y entra en una zona de incomodidad.

Evita los problemas siendo inteligente, pero si ya llegaron, entonces no tengas miedo de enfrentarlos, los problemas ya tienen un tamaño, pero nosotros, como humanos, siempre podemos crecer más allá del problema. El mundo está reinventado por gente que en la desesperación o en la inspiración, crearon las mejores circunstancias para ellos y todo lo demás.

El cambio es constante y todos cambiamos e inclusive nos adaptamos a las circunstancias, porque cuando estamos ante la presión de un cambio inmediato, nos resistimos y eso hace que te retardes en tu progreso.

Adaptarse al cambio, crear e innovar tu mente a lo nuevo que está deparando tus circunstancias y tu vida, te abrirá camino a poder adentrarte en profundidades que desconocías de ti y las empiezas a manejar de una manera que jamás podrías haber pensado.

Supera la decepción.

Aprende a vivir en la decepción.

La decepción es el sentimiento que se crea cuando las cosas no salieron como esperábamos y nos crea dolor emocional.

La decepción es un trago amargo muy difícil de asimilar, la mayoría de la gente no soporta la decepción por demasiado tiempo, es por eso que dejan de esperanzarse para no sentir más la decepción.

Hay que tener un buen estómago para que la decepción no destruya tu autoestima, tus sueños y metas, es tan fuerte que mucha gente termina tirando a la basura lo que se había propuesto.

Es por eso que hay que aprender a ponerse metas claras y precisas, bien pensadas y que sean reales para luego hacerse la pregunta: ¿Cuántas veces estoy dispuesto a volver a empezar si fuera necesario, si salieran mal las cosas?

El valor de una meta se mide por la cantidad de veces que estás dispuesto a empezar nuevamente si fuera necesario.

¿Dónde entra la decepción?

Aparece inmediatamente, te das cuenta de que aquello en lo que pusiste tu confianza no se dio y se perdieron los esfuerzos, el tiempo y toda la energía emocional que le pusiste.

¿Qué se puede hacer cuando entra la decepción?

1. Cuidado cómo lo etiquetas, no pienses que es el final, que no es para ti o que no tienes suerte.
2. Dale una mejor representación, una que te dé más fuerzas de las que te quita... como: *estoy más cerca que nunca, aprendí más en esta ocasión, lo haré mejor la próxima vez, la felicidad es el camino al éxito, yo soy feliz porque estoy siguiendo mis sueños,* etcétera.
3. Darte un nuevo comienzo considerando todo lo que has aprendido para planear, organizar y ejecutar aún con más fuerzas.

El éxito no puede entrar sin decepción, la meta no la cruza alguien que nunca corrió la carrera, el que no tuvo retos no tiene posibilidad de tener reconocimientos, el galardón siempre está reservado para quien lo entregó todo y un poco más por encima del resto.

La decepción, el fracaso, como le quieras llamar, hazlo parte del proceso, son los escalones que no se pueden brincar para llegar arriba, tendrás que caminar por encima de ellos.

"Nunca permitas que la decepción te haga más daño del que ya te hizo, no permitas que te quite el deseo de volver a intentar".

5 pensamientos que vienen con la decepción:

1. Que no fuiste capaz, suficiente bueno para lograr eso.
2. Que no tienes suerte, que las cosas no te salen como a otros.

3. El deseo de buscar quién tiene más la culpa o es responsable.
4. El deseo de abandonar y alejarte.
5. Soportar la decepción y volver a intentar.

La manera en la que reaccionamos determina los próximos hechos, la gente que lo logra son los que terminan aceptando la derrota y volviendo a luchar.

Leer biografías de grandes hombres que admiramos podría ayudar mucho a entender cómo se logró eso que los resalta, ellos tuvieron que continuar cuando la mayoría de la gente prefirió cancelar.

No hay manera de evitar la decepción, pero ella deja de aparecer cada vez menos en tu vida a medida que madures con el tiempo.

Existen dos clases de decepción:

1. La que viene por falta de conocimiento.
2. La que había conocimiento, pero las cosas simplemente no salieron bien.

Capítulo 8
Tu estado emocional

No todos los días tendrás el mismo estado de ánimo, pero debes aprender que para tener éxito en lo que te propones, tienes que saber trabajar esa área de tu vida, cuando sientas que no estás de buen ánimo, y eso a todos nos sucede, es algo que de una u otra manera vivirás, siempre sigue adelante.

Toma nota:

Cuando estés sin ánimo, sé tu ánimo.

Cuando estés sin ánimo, sé tu motivador.

Cuando estés sin ánimo, busca lo que te da el motivo para continuar, recuerda que el día acaba y el mañana será mejor.

Si notamos que no estamos preparados o no tenemos el control sobre esto, debemos hacer lo siguiente:

Si no puedes controlar tu estado emocional es porque eres adicto a él.

¿Qué es una adicción? La forma más simple de entenderlo es:

Es algo que no puedes parar.

Es algo que se te hace casi imposible de controlar.

Es algo que controla todo tu ser.

Es algo que domina tu mente, cuerpo y hechos.

Tus emociones provocan tus conductas, cuando no controlas tus emociones, ellas terminan controlándote a ti, por lo tanto, un buen líder, una persona con la mente bien entrenada, se esfuerza por aprender a accionar, en vez de reaccionar a sus emociones.

Sin embargo, un buen líder conoce como causar emociones que canalicen áreas en las que tú necesitas tener práctica y dominio para mejorar tu vida.

Aquí algunos ejemplos de una persona que tiene problemas para controlar sus emociones:

- *Una persona lo insulta, reacciona mal ante el insulto, le ganó el enojo, terminó en una lucha devastadora, tiempo más tarde se arrepiente.*
- *Una pareja tiene problemas, hasta llegar a las agresiones físicas y verbales, les ganó la ira y más tarde llega el arrepentimiento.*
- *A una persona le ofrecen un negocio con ganancias de cientos de miles de dólares, desconoce de qué trata, invierte en ello, para luego enterarse de que era un fraude, le ganó la emoción y llegó el arrepentimiento.*
- *Una persona ve una gran oportunidad en la venta de un automóvil usado, lo adquiere sin pedir garantía, el auto tenía problemas en la transmisión y motor, le ganó la emoción.*
- *Una persona imprudente colma tu paciencia y te lleva al límite de los insultos, te ganó la desesperación, la frustración y el enojo.*

¿En cuántas ocasiones tus emociones te han traicionado?, ¿cuántas veces te has sentido que no usaste tu mente, sino que tus emociones tomaron la decisión?

Claro que nuestras emociones siempre están envueltas en nuestras decisiones, pero no pueden ser las únicas involucradas. Y para evitar que se involucren las emociones es importante analizar, socavar y tener puntos en claro para poder manejar con efectividad.

He aquí una serie de cosas que puedes hacer para asegurarte de que tus emociones no controlen la forma en la que reaccionas.

1. *Escucha con atención lo que se dice.*
2. *Verifica si entiendes de lo que se está hablando.*
3. *Haz preguntas para estar seguro.*
4. *Hazte preguntas a ti mismo que te traigan respuestas (¿necesito eso?, ¿es lo que andaba buscando?, ¿es mucho riesgo?, ¿puedo asumir esa responsabilidad?, ¿cómo me aseguro de que no me están engañando?, etcétera.*
5. *Pide pruebas y evidencias.*
6. *Asegúrate de que sabes con quién estás tratando, si la persona goza de algún nivel de confianza.*
7. *Dependiendo del nivel de riesgo o tu convicción, pide más tiempo para pensar.*
8. *Si necesitas consultar con alguien más experto que tú en el tema, ¡hazlo rápido!*
9. *Si ves que es una gran oportunidad que no puede esperar, pide garantía por escrito en caso de que cambies de opinión o te hayan engañado en cuanto a resultados.*
10. *Siempre hazte las preguntas de si valdría la pena hacerlo, si todo fuera cierto y real, o tu vida seguiría mejor sin eso.*

Estas son algunas cosas que, cuando tomas en cuenta, sabrías que no son tus emociones las que están controlando tus decisiones.

Es importante tener estos puntos en claro, pues nos traerá gran tranquilidad en la acción de nuestros hechos.

Ponte a pensar qué pasaría si hubieras usado estas evaluaciones en tus decisiones anteriores, ¿crees que pasaría el mismo resultado? Claro que no, en la mayoría de los casos te puedes dar cuenta del error en el mismo instante o puedes encontrar mejores maneras de proceder, ya que tienes una idea más clara del asunto.

No se convierta en víctima de emociones.

Una víctima es una persona que se quita toda responsabilidad de los actos que provocaron los hechos y se pone del lado donde él o ella fue lastimado.

Es el típico cuento de la mujer maltratada, que siempre decide mantener la relación con su marido a pesar de todos los golpes diarios que recibe, se pasa la vida dándose pena de su vida y se pregunta que cuándo las cosas cambiarían.

O la típica novela del hombre que jamás dejará a su mujer a pesar de que ella lo insulta siempre, porque la ama y nunca afronta la situación, sólo da una cara de víctima a los demás.

Ejemplos como estos que mencioné son apenas algunos y que son imperantes en nuestro entorno, los podemos ver a diario con más frecuencia que otras veces, pero es una realidad que debemos observar y entender, que ser víctimas de lo que sea que se nos presente, nos hace responsables de lo que debemos afrontar con nuestras emociones y evitar excusas para evadirlo.

Esto, por consiguiente, crea un gran hueco de emociones nefastas que nos mienten en nuestro consciente. Nuestro subconsciente conoce que se debe hacer algo, pero prefiere optar por la manera más fácil, la cual es victimizarse y esperar a que transcurra una y otra vez lo que no permite que resuelva esta emoción que predomina en tu vida. Algo que debemos tener muy claro es que nosotros debemos dominarlo y manejar a voluntad propia con gran sensatez.

La situación es que este tipo de personas pueden llegar a un punto donde se adaptan tanto a los sentimientos y emociones, que ya lo ven normal y hasta le encuentran cierto afecto, pueden llegar a apegarse a las emociones que le hacen sentir ser una víctima de las circunstancias que ellas mismas crean.

¿Que ella misma crea?, pregunta usted. Así es, eligen todos los días, por las razones que sean, quedarse con ello, esa no fue una decisión que tomó un día, sino que lo hace cada día de su vida.

Incluso por la razón que él o ella decida permanecer, es una decisión que hace cada día y así de sencillo se vuelve a crear una y otra vez el mismo panorama.

"Si se queda demasiado tiempo en la peste terminará pensando que el olor es normal".

"Mientras más se adapta a un lugar más difícil se le hace salir de él".

Eso es por lo que la gente que progresa, por lo general siente un nivel alto de inconformidad en algunas o muchas áreas de su vida. Pues debe mantenerse productivo, preparado para los cambios que le harán de su inconformidad la conformidad de su vida, y así sucesivamente sigue evolucionando, porque para salir del mismo lugar no le es un problema, todo lo contrario, le es de gran enseñanza poder seguir escalando diferentes áreas que lo llevan y traen, pero no se *queda en el mismo lugar, todo lo contrario, tiene muchos cambios que debe abrazar y recibe con gran ánimo.*

Me imagino que ha visto a personas y niños viviendo en un lugar desagradable, con olores desagradables y con cierto tipo de conductas en algunas personas que no son agradables... Todo esto lo aprendí de mi propia historia.

Nací en Santo Domingo, en un barrio muy pobre, donde me crie con mis abuelos y un padre con problemas de alcohol, drogas, entre otras cosas malas; viendo peleas con machetes y muchas heridas. En ocasiones gente que muere en una casa de madera y zinc con agujeros en el techo, mojando toda la cama cuando llovía, comiendo lo que se podía cuando se podía, durmiendo varios en una misma cama y un basurero muy cerca de la casita donde me pasaba buscando juguetes, jugando con mis amigos, etc., etc.

En pocas ocasiones íbamos a visitar a nuestros primos que vivían en un lugar regular, pero nosotros los veíamos como ricos, llegábamos a su casa y veíamos juguetes de todo tipo y todos con sus cuartos.

Mi hermano y yo nos sentimos tan raros, porque no estábamos acostumbrados. Lo mismo me pasaba una vez que recuerdo de mi niñez, fui a un río o de las pocas veces que fui a la playa, siempre viviendo en escasez, llegué a pensar que eso era lo normal.

Cuando jugaba en el basurero no sentía el mal olor, estaba entre la basura y no la veía de esa manera, sin embargo, veía gente que pasaba cerca de ahí y tenía que presionar su nariz tapando la respiración.

Es por eso que digo que alguien puede vivir en medio de la peste y llegar al punto de acomodarse a ella.

Somos tan capaces de adaptarnos a cualquier situación, que no notamos el valor de lo que realmente queremos en nuestra vida.

Todo el que logra ver más profundo, puede entender que a veces uno mismo se implica pobreza y escasez en fases de su vida como si fuera una ley de sus vidas, cuando realmente no lo es, a menos que tú mismo así lo creas.

Cuando nos acostumbramos a estar entre la peste, siempre será para nosotros lo más normal y lo mejor que podemos tener y no nos exigimos a nosotros lo que realmente merecemos con nuestro esfuerzo.

Cuando creamos la emoción de que no hay nada más al alcance de nosotros, creamos la emoción de la escasez profunda que nos causa la pobreza mental.

Jesús dijo: "A los pobres siempre los tendréis". Esto quiere decir que la pobreza está en la cabeza, que tiene que ver más con una condición del corazón que del bolsillo, Jesús sabe que siempre estará la pobreza mental y por eso siempre existirá la del bolsillo.

Utilizamos esta parte de la frase para poder traer un entendimiento más profundo a este capítulo, aunque de todas maneras usted leerá más en el libro "Mi Primer Millón, Saliendo de la Pobreza y la Escasez", donde describo claramente cómo salir de la pobreza… Pero permite que te entregue todo lo que pueda desde ahora.

En algún punto tuviste que nacer, pero nadie te condenó a quedarte ahí".

Hay cosas que no puedes controlar, algunas de ellas son: en dónde naces, con qué padres naces, en qué condiciones naces, etcétera.

Pero si llegas al punto donde eliges de qué manera piensas vivir tu vida, es ahí donde se dividen los grupos...

Conozco personas de 80 años que sólo han vivido un año repetido 80 veces, eso ocurre porque toda su vida la han vivido de la misma manera, no hay nada nuevo en ellos y mueren sin completar los propósitos de vida.

Fuera de mi historia, también he visto gente que se ha adaptado a vivir en la peste de las deudas, de los problemas financieros, la peste en el matrimonio, en la vida social, en su vida espiritual, en la peste de su actitud y muchas otras cosas más.

Utilizo este término de *peste*, porque es algo que se puede percibir con más facilidad de lo que podemos ver, huele el ambiente del entorno en donde estás y conocerás que algo no anda bien hasta que respires tranquilidad.

La peste, como ya mencioné, invade todas nuestras vidas cuando le permites entrar y que gobierne a diestra y siniestra todo lo que te quede de vida.

¿Cómo salir de la peste?

Se dice que el primer paso para salir de una adicción es reconocer que la tienes... También para salir de costumbres debes cambiar costumbres.

El segundo paso es el deseo de querer cambiar la perspectiva de la vida que llevas por la que realmente deseas, abriendo paso a lo que crees imposible y saltando rayas im-

puestas por la peste que hace que veamos normal nuestra situación.

Cuando estos ingredientes están, lo demás es más sencillo, porque se convierte en una meta real llena de probabilidades.

Esta es una lista de pasos a seguir para salir a un nuevo nivel.

1. *Reconoce en dónde estás.*
2. *Intensifica el deseo hasta que se convierta en un deseo ardiente, lo sabrás porque se convertirá en un pensamiento dominante de la mente consciente.*
3. *Enamórate de la clase de vida que quieres tener, mientras más clara tengas esa imagen, más real se hace sobre tu vida. «Si lo puedes visualizar lo podrás crear».*
4. *¿Qué se requiere para salir adelante? ¿Cómo puedo empezar a acercarme a esa clase de vida? ¿Cuál sería el plan de acción que me llevaría a esa meta? ¿Qué estoy dispuesto a sacrificar o a qué estoy comprometido para que esta meta se lleve a cabo? Busca respuesta a todas estas preguntas... (Son importantes en tu emprendimiento de vida).*
5. *Busca ayuda. ¿Quién te puede ayudar? ¿Con quién puedo hacer equipo? ¿Con qué personas debí relacionarme? ¿Qué lugares debo frecuentar o qué tipo de comportamiento se requiere de mí?*
6. *Un consejo que te puedo dar es: «Si dejas que te enseñen los sabios, sacarán lo mejor de ti, si dejas que lo hagan las circunstancias, corres el riesgo de mantenerte mediocre la mayor parte de tu vida».*
7. *El empujón que te hace falta te lo debes dar tú, lo demás será ver cómo sucede luego que hagas los pasos y no sólo disfrutes de lo que has ganado, sino también de lo que has aprendido.*

Así que lee muchos libros, busca la sabiduría en donde quiera que ésta se encuentre, ya sea en audio, video, cursos, eventos, etcétera.

"Todo a lo que permanezcas conectado por el tiempo necesario, se hará parte de tu vida".

Tus emociones estarán trabajando para ti y no en contra de ti, en cuanto entiendes la importancia de manejar tus emociones y hacer de eso una prioridad.

En muchas ocasiones el mundo sabrá qué tan maduro estás por la manera en la que reaccionas a lo que te sucede en la vida.

Sin olvidar que para madurar hace falta aprender, sin cohibirse de los errores que cualquiera puede cometer, eso te engrandece en entendimiento.

Toma el control de tus emociones.

Lo único de lo que verdaderamente tienes control, es de tus pensamientos, y eso es tomando en cuenta que los pensamientos están siendo influenciados por causas externas; sin excluir los hechos, que, aunque no son menos importantes, van de la mano de tus pensamientos, porque sin pensamientos no hay hechos y sin hechos no hay pensamientos.

DOMINIO PROPIO.
La manera como respondemos a lo que nos acontece, es la medida del dominio más relevante que tenemos. Nuestra actitud es el resultado de nuestro nivel de control sobre nosotros mismos.

Si usted pudiera crear la actitud con la que quiere ir por la vida, ¿cómo la elegiría? *Por lo general las personas es-*

cogen ser amables, inteligentes, carismáticos, atentos, detallistas, amorosos, positivos, conversadores, entre muchas otras cosas que hacen de una personalidad algo tan maravilloso, que cuando vemos esas cualidades en otras personas, inmediatamente las admiramos y reconocemos.

"Para tomar algún control sobre el mundo externo, primero debe tomar control de su mundo interno".

La falta de control ha provocado que países caigan, que ciudades se derrumben, que familias dejen de existir y que personas se quiten hasta la vida. No tener control es no tener la última palabra sobre lo que va a hacer acerca de una situación.

Nadie puede dañarle, aunque todos pueden hacerle algo, pero sólo usted es quien le da una etiqueta a lo que ocurrió, sólo usted les da una definición a los hechos.

¿Conoce a alguien que se siente desdichado porque nació pobre? Yo también conozco a alguien que se siente afortunado de que Dios le dio la oportunidad de haber experimentado la pobreza y darle la oportunidad de desarrollarse en la vida por sus propios méritos.

¿Conoce a alguien que tenía un mal matrimonio, pero de todas maneras no quería el divorcio y se quedó así? Pues también conozco gente que ve el divorcio como la última opción, el último remedio que funcionó para una relación miserable, que de otra manera hubiera tenido un peor destino.

¿Conoce gente que odia su trabajo? Pues también hay gente orando por el mismo trabajo. ¿Gente que no le gusta su ciudad y otros buscando mudarse ahí? ¿Gente que no quiere tener hijos y otros esperanzados en algún día tener uno?

¿Por qué le pongo todos estos ejemplos? Piense que estamos hablando de seres humanos, de personas como usted y como yo, que bajo las mismas circunstancias le están dando definiciones diferentes, emociones y sentimientos diferentes, se sienten bendecidos y otros desfavorecidos, y así sucesivamente.

¿Entonces cómo sabemos qué es bueno y qué es malo si todo el mundo le da una definición diferente? La respuesta es que no existe lo bueno ni lo malo, sino resultados. Usted tiene más control de cómo sentirse ante lo que ocurre, de lo que se imagina.

Usted puede sugestionar su mente para que piense y actúe como le gustaría bajo ciertas circunstancias.

Pongamos, por ejemplo, que quiere tener mejor control de cómo reaccionar en las comunicaciones con su pareja.

10 pasos para tomar control.

1. *Identifique qué es lo que lo descontrola.*
2. *Cuando usted se descontrola ¿bajo qué estado emocional está?*
3. *Qué es lo que activa el cambio de actitud, ¿una palabra o una acción?*
4. *¿Es una relación que vale la pena conservar si hubiera una manera, o usted está tratando de encontrar fuerzas y razones para alejarse completamente?*
5. *Recree los hechos en su mente, pase la película en su cabeza.*
6. *Mírese escuchando o viendo lo que no le gusta y cómo reacciona ante ello.*
7. *Recree los hechos, pero esta vez usted tomando control del personaje y actuando como le gustaría verse en esa situación.*

8. *Hágalo una y otra vez hasta sentir que siempre llega al mismo resultado deseado.*

9. *Haga una prueba, expóngase a la situación sabiendo que va actuar un nuevo papel y que le tiene que salir bien.*

10. *No se frustre por la falta de práctica cuando lo hace en la vida real, de todas maneras, desde el primer intento lo que ve es mejoría y ganancia y ya estará listo para ser dueño de sus emociones.*

No existe nada más efectivo que la práctica y la repetición para llegar a todo lo que usted quiere ser. Posiblemente hay cosas que están fuera de su momento, de sus circunstancias, pero usted, con la práctica, terminará metiéndose en el juego.

Las personas con mayor control sobre sus emociones son las que tienen mejores trabajos, mejores relaciones, mejores oportunidades, mejores vidas.

"Toma el control de tu vida, no dejes que otros la tomen por ti".

Si mejora su actitud, mejora su propio control.

Algunas ideas para mejorar su actitud

* *No se vea como una víctima del mundo, de la vida ni de las personas.*

* *Saque lo mejor de cada situación, siempre hay algo que aprender.*

* *Disfrute cada momento como si fuera el último.*

* *Viva la vida sin dependencia de nada, aunque espere de todo.*

* *No tenga afanes innecesarios, cada día, de por sí, trae su propio afán.*

- *No se ponga metas que le roben su paz y serenidad.*
- *Entienda que la gente son sus hermanos, son su familia, son sus iguales y todos vienen de puntos de partida diferentes, sea paciente con la gente.*
- *No juzgue a las personas, si cree que puede hacer algo por ellos hágalo; posiblemente sea mejor dejarlos ser ellos mismos.*
- *Respete las creencias de los demás, de esa manera se gana el derecho de que respeten la suya.*
- *Ponga el amor como primera medida antes de medir la situación (con la vara que mida será medido).*
- *Si pierde el control, aproveche la oportunidad para enseñarle a la persona que sabe que se va a equivocar, nunca pierda la oportunidad para disculparse.*
- *Vea lo mejor de la gente, sea un edificador de lo bueno que hay en otro.*

Entienda que nada le ocurre, si no es una medida de la necesidad que tiene de mejorar un área que todavía no es perfecta en su vida.

Si mucha gente le dice que es arrogante, quizás sea el momento de ver si es que cree que el mundo gira para usted solamente, ya que los demás también se quieren sentir parte de él y su conducta origina esos comentarios.

Una buena actitud tiene que ver con lo sano que usted realmente está por dentro. El nivel más elevado que hay es el amor, así que cualquier persona puede ver en sí mismo qué tan alto está emocional, física y mentalmente, lo sabría por cuánto se quiere a sí mismo basado en lo que sabe de él; cuánto se respeta, cuánto se valora, basado en todo lo que sabe sobre sí.

Usted no puede amar a alguien más de lo que se ama a usted mismo, no podrá respetar a alguien más de lo que se respeta a usted.

¿Entonces cómo se relacionan esas palabras de control, actitud y amor?

Mientras más amor siente la persona, mejor actitud tiene, mientras tenga mejor actitud, tiene mayor autocontrol.

Las opiniones de otros no lo definen a usted, sino que revelan lo que hay en usted, su nivel de amor en ese momento. ¿Ha escuchado alguna crítica hacia usted a la que no hizo caso en absoluto?, que ignoró completamente y no tuvo ningún efecto, pero se acuerda de ese comentario que sí le llegó, que caló hondo, que le mantuvo pensando enojado o frustrado o entristecido. Los dos fueron comentarios negativos, entonces ¿por qué los dos tuvieron resultados diferentes? La respuesta son sus actitudes, su nivel de amor propio sobre el asunto.

Por ejemplo, si usted corre un maratón y llega en primer lugar, mientras que el último lugar anda diciendo por ahí que fue él quien llegó en primer lugar, ¿cómo se sentiría? Pues no le importaría porque sabe que llegó en primer lugar y tiene la medalla; hay mucha evidencia clara por todas partes. Eso es lo que causa el amor propio, el nivel de confianza y de dominio propio que tendrá, es la actitud con la que andará por la vida.

Un día puede ser que ande con una maravillosa actitud sintiendo que la vida es bella y que la va a disfrutar, pero de repente su pareja le dice que ya no quiere estar con usted y cae en una depresión que toma el control de su persona, entonces habrá ocasiones donde no tendrá el control total, pero puede hacer ciertas cosas para esos días donde habrá lluvia. Ya que los días lluviosos son inevitables ¿por qué mejor no preparamos una herramienta que nos tape el cuerpo de las fuertes lluvias?

La respuesta nuevamente es la autogestión, usted puede condicionarse para que su mente actúe lo mejor posible aún en circunstancias de las que cree que no le quedaría mente para pensar.

Yo tengo frases que le dan control a mi vida en cualquier circunstancia:

«Soy feliz, soy libre, decido ser feliz sin importar lo que pase, yo elijo siempre mi destino, lo quiero todo, pero no necesito nada, elijo lo mejor para mi vida».

«Cuando un pensamiento cala muy dentro, eso es lo que sigue operando de forma subconsciente».

Haga una lista de aquello sobre lo que le gustaría tener control.

¿Qué le quita la paciencia? Haga los pasos que le enseñamos anteriormente y sea libre, se dará cuenta de que el sentimiento de felicidad no estaba en lo que ocurra, sino cómo percibe usted la vida que le ocurrió.

Recuerde que la felicidad es acerca de cómo se siente usted sobre sí mismo. Si toma control de sus creencias, tomará control de sus realidades.

Si cree que la gente pobre es desafortunada, entonces hay que cambiar esa creencia; también podría pensar que la gente pobre se quiere experimentar de esa manera y que el día que esa gente realmente quiera algo diferente, encon-

trará la manera de hacerlo, ya que la gente rica, en su mayoría, también fue pobre.

La pobreza nunca ha estado en el bolsillo sino en la mente; siempre ha sido una forma de pensar, inclusive se ha demostrado que una persona de bajos ingresos puede llegar a ser rica si desea eso más que cualquier otra cosa en la vida.

Algunas personas de clase pobre han hecho cosas que hoy las han llevado al otro lado de la ciudad, del país o a otros países del mundo en la clase alta.

Saliendo de la inestabilidad.

Saliendo de la inestabilidad y llegando a ser dueño de sus emociones.

La inestabilidad es una de las causas de estrés, ansiedad, malas decisiones, desesperación, agotamiento físico y mental, cuando una mente divaga entre una cosa y otra sin nada definido.

Hay varios tipos de inestabilidad, inestabilidad en las finanzas, en el amor, en la familia, en la vida social, en la vida espiritual, etcétera.

Una persona inestable nunca llega lejos en algo que se propone, porque abandona antes de tiempo. Por lo general, esas personas matan su propio éxito cuando se encuentran que las cosas no están funcionando prematuramente o cuando perciben que lo pueden lograr, de alguna manera, en su subconsciente entra la inestabilidad y cambian sus actividades. La Biblia habla de esta gente también...

"El hombre de doble ánimo es inconstante en todos sus caminos".

Las personas inestables no son responsables, ellas pueden cambiar de opinión fácilmente y abandonar los compromisos previos. Confiar en ellos puede ser muy decepcionante, ellos realmente no quieren ser así, pero algo los atrae a este comportamiento de forma habitual.

Hay que entrenar la mente de tal manera que no caiga en este hábito destructivo capaz de convertir en un fracaso aquello que tuvo la oportunidad de ser un éxito. Por lo general las personas inestables son muy talentosas, tienen destrezas y habilidades para lograr cosas grandes en menos tiempo que otros, pero andan divagando entre varios pensamientos.

Nada puede reemplazar la resistencia, todo lo bueno demanda un tiempo debajo del cielo. Dios todo lo hizo hermoso en su tiempo, cada persona tiene su temporada y tiempo cronológico.

Usted no puede alcanzar la grandeza como líder siendo una persona inestable, ser inestable no es una condición permanente, usted puede cambiar si realmente lo quiere lo suficiente.

Si se ha fijado, en ocasiones traigo parte de un tema que ya hemos tratado en capítulos anteriores, pero les falta tratarlos desde otros ángulos, ese énfasis le dice a usted qué tan importante es mejorar esa área para que salga el líder que tiene dentro.

Algunos consejos para convertirse en una persona estable:

1. *Decida permanecer firme en sus pensamientos una vez que haya tomado la decisión final.*
2. *Confíe en que las cosas saldrán bien al final del camino si no desiste.*

3. *Acepte que tiene un problema de inestabilidad y su mente no le ayuda mucho con los pensamientos.*
4. *Tome pequeñas decisiones y quédese en ellas hasta el final y así gana confianza en usted.*
5. *No tengan miedo a perder, fallar o fracasar, usted nunca pierde, siempre gana experiencia y sobre todo estabilidad, y en el mejor de los casos, el premio final que se propuso.*

El tema de la estabilidad emocional es un tema muy complejo, pero lo abordamos de una forma práctica y simple. Una persona estable emocionalmente, es alguien que tiene dominio de sus decisiones, alguien que se sabe controlar a pesar de que está sintiendo emociones que le tientan. Una persona estable emocionalmente no está libre de sentir emociones inestables, es simplemente que, de algún modo, se las arregla para que esas emociones no sean las que le estén controlando.

Pero ser dueño de sus emociones requiere de varios principios. Cuando comprende estos consejos los hace parte de su personalidad, veamos algunas frases:

1. El hombre de doble ánimo es inconstante en todos sus caminos.
2. Usted no es dueño de sí mismo mientras sea controlado por sus emociones cambiantes.
3. Nunca pierda su mente en los momentos en que está inundado de emociones.
4. Establezca parámetros de cómo toma sus decisiones, para que ellos se encarguen de su mente cuando ella esté influenciada por los impulsos.

Por ejemplo, ¿ha visto de qué manera alguien compra un auto? ¿Ha percibido que casi nunca toman en cuenta aquellas cosas que eran lo más importante a la hora de tomar decisiones?, como cuánto es el total de lo que pagaría en 6 años de pagarés, a qué interés está firmando el préstamo, de qué compañía será el seguro del auto y si es obligatorio comprar el seguro dentro de ese préstamo, etc., etc.

Lo mismo se aplica a cada una de las demás decisiones que tomamos.

"El ser humano tiende a tomar decisiones por emociones, pero no puede ser lo único que usemos".

Una mente bien entrenada para salir de la falta de control emocional y convertirnos en el líder que llevamos dentro, se reprograma para ser dueño de sí mismo, para no ser controlado por sus impulsos, para que las emociones temporales no le hagan cometer errores permanentes.

¿Qué puede hacer ahora mismo?
Haga una lista de aquellas cosas en la que se considera inestable, eso le ayudará a saber a qué se enfrenta y de qué tamaño es su enemigo.

Luego haga otra lista enumerando qué ha perdido por ser una persona inestable. ¡Sí! Quiero que sienta el dolor de ser inestable, quiero que no le guste estar ahí, que haya deseos de cambiar y mejorar. Si usted se siente cómodo en el lugar en donde está, aunque tenga deseos de otro lugar, no será suficiente para salir de ahí, a eso se le llama la zona cómoda.

Sólo creando más deseos o dolor, es que se puede llegar al punto donde la persona definitivamente toma la determinación de cambiar sus circunstancias por encima de los impedimentos actuales.

Ser estable tiene tantos beneficios, que vale la pena fallar todas las veces que sean necesarias para alcanzar la estabilidad emocional que desencadena la vida de éxito en cualquier área que usted desee.

¿Qué clase de persona se considera que es actualmente? ¿En qué área se considera una persona estable? ¿Qué piensa que debería mejorar ahora mismo? ¿Qué le impide mejorar esa área sin que suene a una excusa para no hacerlo? Si empieza hoy, ¿para cuándo piensa que ya tendrá ese otro hábito como parte de su vida?

RECUERDE

"No es fácil cambiar un hábito destructivo, pero tampoco será fácil vivir así toda su vida, así que más difícil será mantenerlo".

Capítulo 9
Cierre su oído a las voces incorrectas

" *Todo cuenta, todo se añade, nada lo deja igual, a todo lo que usted esté expuesto por el tiempo necesario, se hará parte de su vida".*

Estamos en la era de la información, donde gravita en todas partes, el mundo se divide en dos clases, 95% piensa de una manera y el 5% piensa de otra, y esas mismas estadísticas están para las finanzas y el éxito en la vida, sólo el 5% de la población del mundo son ricos o están bien financieramente...

¿Qué significa esto? ¿Qué tiene que ver con la información?

De dónde proviene la información es importante, aprender de qué fuentes son las correctas para abrir el oído, aprender algo nuevo o dejarme influenciar por lo que escucho.

Si tiene un dolor de pecho, pero usted decide preguntarle a la vecina que trabaja en mantenimiento y su esposo es mecánico, pero como ellos son buenas personas y ella tiene un corazón para ayudarle, pues usted se desahoga con ella y ella, como todo buen ser humano, tiene una opinión que dar, así que le suelta su ignorancia sin preparación, sin experiencia y sobre todo sin hacer los debidos estudios y pruebas.

El ejemplo lo podemos poner con las finanzas, cuando es el cuñado quebrado quien te está diciendo cómo hacer dinero hoy en día.

Ejemplos de fuentes incorrectas:

- El cuñado arruinado que enseña finanzas.
- El mecánico que da consejos de salud.
- El vecino retirado que sabe más de la situación y las soluciones reales del país que el mismo gobernador.
- El profesor de finanzas de la universidad, que va en un Toyota con problemas de motor, a enseñar cómo crear riqueza.
- El doctor obeso que le dice cómo tener una buena salud y sólo cree en medicamentos.
- El deportista que no tiene disciplina y mucho menos prácticas.

La fuente correcta trae la información adecuada, todo el mundo tiene fortalezas en algo y las puede desarrollar aún mejor, pero algunos, su falta de entrenamiento les hace fracasar. No hay problema en intentar cosas, pero sí lo hay en intentar cosas innecesarias... por eso es que «tu entrenamiento determina tus resultados».

Cuando encuentra las voces correctas, incline su oído y es tiempo de escuchar y aprender más de lo que habla.

Las personas de éxito han identificado los recursos y fuentes adecuadas, han creado hábitos diarios para mantenerse conectado a ellas y se alimentan todo el tiempo para mantenerse sanos y fuertes en conocimiento.

El poder conocer, nos da la información en la mejor toma de decisiones y la sabiduría llega conforme la vayamos adquiriendo en el proceso.

La gente de éxito deja huellas.

La sabiduría del mundo está descubierta, cada ser humano tiene algo de Dios dentro, tiene talentos y dones, muchos los han desarrollado y han llegado a lograr cosas grandes y *vidas grandiosas en muchas áreas, ellos han dejado rastros que hoy vemos en forma de:*

1. *Libros.*
2. *CD.*
3. *DVD.*
4. *Cursos.*
5. *Seminarios.*
6. *Historias, biografías, etcétera.*
7. *Y la mejor de todas: que nunca pasan desapercibidos.*

Tener las mejores mentes brillantes del mundo enseñando sólo lo mejor, desprendiéndose de todo lo que han aprendido de sus propias experiencias y las de todo lo que han leído y aprendido de otras personas.

¡Que podamos tener todo ese contenido por un par de dólares! ¡Waooo! Analiza bien lo que lees y encontrarás grandes verdades que te cambien la vida.

Se dice que un libro es el equivalente a casi un semestre de universidad... ¡Increíble!

Por eso leí bien que:

"Algunos libros son probados, otros devorados, poquísimos masticados y digeridos." (Sir Francis Bacon, 1561-1626).

Los líderes son lectores, no he conocido un líder que no sea enseñable, todos tienen fuentes de aprendizaje... ellos separan, como mínimo, 30 minutos cada día para invertirlo en su mente. A mi parecer ¡la mejor inversión de toda tu vida!

"Vacía tus bolsillos en tu mente, que tu mente llenará tus bolsillos." (Benjamín Franklin).

Puedes pasar de malo a bueno y de bueno a mejor y puedes llegar tan lejos que no te conocerás ni a ti mismo, sólo con el hábito del aprendizaje diario.

Qué debes hacer para ser más inteligente que la mayoría.

1. Baja una aplicación de audio libros, puedes convertir los tiempos muertos en tiempos productivos.
2. Compra varios libros al mes, lee en forma consciente de 30 minutos a 1 hora por día.
3. Agarra un curso cada trimestre sobre el área que quieres mejorar.
4. Conectarte a un grupo de apoyo, te ayudará en muchas áreas, incluyendo a mantenerte con fe, esperanza, con buenas expectativas, relajado, aprendiendo buenos hábitos y sobre todo a conectar con el todo poderoso, que depositó en ti la pasión que sientes para que cumplas tu propósito y destino aquí en la tierra.
5. Aparta un tiempo de reflexión propia y encamina todo lo que has reflexionado.

No deje que le afecten los comentarios negativos sobre usted.

Cuando se trata de escuchar voces incorrectas, las que más afectan son aquellas que provienen de gente relacionada a usted, gente que de alguna manera tiene algún nivel de influencia e importancia para usted.

No es lo que la gente dice de usted lo que le afecta, sino lo que ellos dicen y se lo repite a usted mismo como una verdad.

Las cosas que no cree de usted mismo no tienen control de sus emociones. Un ejemplo sería que usted realmente cree que es una persona muy inteligente, pero alguien le dijo que es la persona más tonta de todas y ese comentario no le afectó, pero si alguien le dice ¡tonto!, y usted se representa eso como algo a considerar, ya sea porque lo ha escuchado muchas veces o porque hizo una tontería, entonces usted se puede sentir o enojar mucho por la ofensa.

Estudiando la vida de uno de los más grandes líderes de toda la historia, quien fue llamado Aníbal el grande, el enemigo más peligroso que ha tenido Roma dijo unas palabras poderosas: "No voy a permitir que unos cobardes me digan a mí lo que puedo o no puedo hacer".

Si pensamos en esas palabras tan sabias y las aplicamos a nuestro liderazgo personal, nos damos cuenta de que nosotros no llegaremos a hacer todo lo que podemos hacer mientras estemos escuchando a cobardes que les da miedo ir más allá de sus límites, personas que el éxito de otro les demuestra lo que ellos eran capaces de hacer, pero no se atrevieron por su cobardía.

«De ahora en adelante decide expandir tus horizontes, extiende tus estacas, deja que el mundo vea de lo que eres capaz, sé valiente, no tengas temor y no desmayes», son las palabras que se le dieron a Josué para que pudiera conquistar la tierra prometida, de la misma manera es responsabilidad tuya conquistar tu propio terreno en vez de vivir dependiendo del terreno de otros.

Levántate, sal, cierra tu oído a las voces incorrectas y decide ganar o morir en el intento.

En conclusión, la gente puede hacer cosas, pero a usted nunca le hará daño si no le da el poder de etiquetar esas acciones como un daño para usted.

Ya que no debe escuchar a todo el mundo, entonces escoja bien a qué personas escuchará y por qué, pero recuerde que es de usted de quien más se tiene que cuidar, porque usted es la persona a la que más tiempo va a escuchar. Usted mismo es la voz de su conciencia.

El impacto de estar mal relacionado.

Hay algo peor que estar solo y es estar mal acompañado.

Aunque hay muchas vertientes por dónde abordar el tema, en este caso no me refiero a lo amoroso, me refiero a algo más extenso que eso.

Existen muchos tipos de malas compañías, pero no existen malas personas, ya que posiblemente haya alguna que no encaja en el perfil ideal para usted; sin embargo, sea del perfil ideal para otras personas.

¿Entonces, qué sería estar mal acompañado?

Basado en tu modelo del mundo es como se puede filtrar lo que es una buena o mala compañía.

En el caso de Yeison Ramírez, una relación incorrecta sería:

1. Alguien que no respeta su tiempo.
2. Alguien que comparte valores totalmente contrarios a los míos.
3. Alguien que me hace sentir menos de lo que soy.
4. Alguien que me hace perder el tiempo.

5. Alguien en quien no se puede confiar.
6. Alguien que tiene celos o envidia.
7. Alguien que yo considere una mala influencia para la vida que yo quiero vivir.
8. Alguien que no aspira ni se mueve a hacer algo con su vida.
9. Alguien que no conoce el valor de un tiempo en destiempo.
10. Alguien que sólo vive de inconformismo.

Todo esto es basado en cómo defino con quién paso mi tiempo, no me refiero a ciertos momentos, sino a una personalidad de alguien.

Recuerda que todo el mundo es importante, no hay gente mala ni buena, no existe lo correcto o incorrecto, sólo resultados, sólo elegimos y creamos de lo que elegimos.

«Si te juntas con las personas incorrectas para concretar tus metas, entonces tus metas nunca se juntarán contigo».

Si eres un hombre de negocios y te relacionas con las personas incorrectas, es cuestión de tiempo el que ya no tengas negocios.

Si eres un vendedor y te relacionas con los clientes incorrectos, entonces es cuestión de tiempo el que no puedas pagar tus cuentas.

Si eres un individuo que busca complementar la felicidad con una pareja, pero andas relacionado con la persona incorrecta, entonces no podrás llenar un espacio que no está vacío. La persona correcta vendrá y tú no estarás disponible.

Estos ejemplos aplican a todo. "Tu vida siempre se parece al tipo de personas con quienes te rodeas".

Capítulo 10
Sea feliz desde su punto de partida

Cuando te vendes la idea de que el éxito es tener cosas, entonces te vendiste la idea incorrecta.

El éxito son las metas.

Todos somos exitosos o bendecidos en algún área, es por eso que se habla mucho de la gratitud, para que la persona recuerde que siempre hay razones para dar gracias por tantas cosas en su vida. Ideas hay por grandes cantidades, pero la meta es lo que hace a la idea única para ti. Poseemos dones únicos que podemos utilizar para realizar tareas de una manera fácil, que a otros se les hace muy difícil; tu éxito depende de tu meta y de cómo puedes hacerlo a tu única manera.

Yo me siento como una persona de éxito, porque vengo de muy abajo y llegar a donde estoy es un largo trecho. Entonces no se trata de lo que uno puede tener, sino en quién se ha convertido uno y qué ha podido lograr durante el proceso desde su punto de partida. pero no se queda ahí, porque el enemigo de la felicidad es sentirse estancado. Una persona feliz es alguien que siente que avanza en la vida, porque sabe que la felicidad dura poco si se deja de cultivar el sentimiento que le hace sentir así.

Usted puede comerse el mejor plato de comida y decir en ese momento, ¡soy feliz, qué bien me siento! Pero si pasan 24 horas y no come, lo menos que tendrá son ganas de decir eso. Es por eso que cada persona debe describir qué le hace feliz y mantenerse en ese sentimiento.

Conozco gente que si tuviera la vida que yo tengo se sentiría exitosa; sin embargo, sé de gente que si tuvieran la vida que yo tengo se sentiría fracasada.

Yo conduzco autos con promedios de $50,000 a $100,000 dólares americanos y viajo en aviones comerciales. No soy dueño de ninguna multinacional billonaria ni vivo en los mejores lugares del mundo. Para mucha gente éste es su sueño, están orando o rezando para que algo así les ocurra, quieren llegar a mi nivel. Ahora, yo estoy tratando de llegar al nivel de otros, mientras tanto, me mantengo agradecido de lo que tengo en este nivel.

Entonces imaginen la vida de alguien que lo tiene todo, pero de momento pierde todo eso y reduce sus ingresos en más del 90% y están los que ganaban millones y ahora ganan billones.

Así que cuando decimos que tenemos mucho o poco, tendríamos que preguntarnos ¿comparado con quién? Puede ser que seas un bendecido, pero no te das cuenta porque te estas comparando con otros, puede ser que te creas muy grande ante los demás, pero eso es porque te comparas con los más pequeños. El éxito no es una vara puesta por otros, el éxito son las metas, eres tú quien le da una definición a lo que es el éxito en tu vida.

Es importante saber que el éxito son las metas, las metas son los deseos del corazón y cuando las podemos realizar nos sentiremos como personas de éxito. ¿Quién dice que esa persona no es exitosa haciendo lo que más ama hacer?

El padre que se puso como meta pasar mucho tiempo con su pareja e hijos, tener un trabajo decente y disfrutar de una calidad de vida con su familia, no se puede sentir menos exitoso que otros en los que su meta era crear fortuna; si ambos lo lograron, ambos son exitosos en el logro de sus metas.

Rockefeller expresó: "Ni aún con todo el dinero que amasé pude encontrar la felicidad".

Esa persona es exitosa en comparación con millonarios que se sienten vacíos y que no le pueden llamar éxito a su fortuna. Ellos le llaman riquezas económicas, aunque es mucho más fácil ser feliz con dinero, ya que lo puedes usar para aumentar tus opciones. De todas maneras, tienes que saber qué te apasiona y saber manejar esos recursos de tal forma que te lleven a tu propósito.

Meta, propósito, pasión… te llevan a la felicidad interior.

Conviértete en un emprendedor de éxito.

¿Qué es un emprendedor?

Es una persona que ha tomado la iniciativa de emprender algo nuevo en su vida. Los líderes son emprendedores.

Una persona que no emprende algo nuevo se queda frustrado dentro de lo viejo.

El ser humano, por naturaleza, es emprendedor, ya que posee una mente creativa, con imaginación, con visión y eso lo lleva a tener ganas de emprender. Todo lo que hoy ves es el resultado de lo que alguien se atrevió a emprender en algún momento de su vida; a veces no creas algo nuevo, pero te unes a algo nuevo y eso es emprender una nueva etapa en tu vida.

A pesar de que todos somos emprendedores, no todos tenemos la valentía de tomar al toro por los cuernos, en ir a la travesía que esto encara; por supuesto, los que son líderes el día de hoy, optaron por llevar esta travesía, es por ello que queda en tus manos realizar lo que por naturaleza posees. Si quieres destacar en esa área de tu vida, planifica y comienza tu emprendimiento.

Aprender a identificar una oportunidad.

Existen todo tipo de oportunidades, sin embargo, no todas las oportunidades son para todo el mundo.

Las oportunidades no son para todo el mundo por varios motivos.

Si se abre una plaza para un ingeniero, doctor, abogado y usted no lo es, entonces esa oportunidad no es para usted, porque no se preparó para eso.

Si se abre una oportunidad para jugar fútbol, pero usted no sabe jugar, entonces no es para usted porque no se preparó para eso.

También pasa con las oportunidades para lo que usted está preparado, pero están fuera de su meta, de su propósito de vida, de su pasión. Usted sabe que eso no lo llevará más cerca de donde quiere ir, sino que le robará más tiempo y lo alejará de eso.

Sin embargo, quiero aclarar que en ocasiones habrá oportunidades que llegan de improviso, inclusive que no van de acuerdo con lo que buscas; pero si tienes la oportunidad de aprender algo que te servirá por un tiempo, aprovéchalo porque no te quita tiempo, al contrario, te aporta enseñanza que con el tiempo sabrás usar y aprovechar para tu propósito encaminado.

No todas las oportunidades se agarran.
Cuando usted está entrenado y programado para tener éxito, podrá reconocer cientos de oportunidades y decenas y decenas diseñadas para usted. Aprender a discernir entre lo bueno y lo grandioso, entre lo bueno y lo mejor, ésa es la clave entre quien llegó lejos y quien llegó mucho más lejos de lo que imaginaba.

Los riesgos, el miedo al fracaso, la pérdida, cosas que causan temor.
Estas palabras sólo le causan parálisis a aquellos que no han aprendido a verlas como aliados, como procesos, como aprendizajes, como parte del postre, como algo muy normal en el camino al éxito. La forma en la que percibes estas palabras es el resultado emocional que causan en ti lo suficientemente fuerte como para paralizarte o como para hacerte mover a pesar de lo que ellas conllevan.

Las palabras negativas y positivas siempre estarán a nuestro alrededor, está en uno absorber cuáles deben entrar en nuestro sistema emocional y hacer de ellos imprescindibles hechos.

Cómo salir del conformismo.
Una persona se conforma con la vida que tiene por causa de que se le acabaron los sueños o murió a los que ya tenía. La persona llegó a la conclusión de adaptarse y conformarse con lo que la vida le ha dado para vivir. Un conformista se ha bloqueado mentalmente para que no le afecten los sentimientos y emociones de lograr algo más, de tener algo más, de conquistar algo más; pero hay una manera de destapar el deseo por el algo más...

Si estás embarcado en el conformismo, estos son algunos pasos por seguir:

- Detecta qué situación o cosa te mantiene en el conformismo.
- Haz que el conformismo salga de esas paredes sin precedentes para que sean cambiadas.
- Quita toda asociación que te mantenga en ello y empieza a cambiar lo menos por más.
- Exige más de ti mismo, mejórate y perfecciónate.
- Mueve tu conformismo a ser inconforme con los resultados y tipo de vida que tienes.
- No te limites, al contrario, explota tus límites e ideales.

Emprenda sin miedo a fallar.

Así como el niño que le da temor de empezar a caminar por sí solo, si el adulto lo sigue cargando, es el adulto el que no fortalecerá sus habilidades mientras lo siga manteniendo dependiente de él.

Cada persona tiene que enfrentarse al proceso de falla y error e iniciar de nuevo para aprender una nueva destreza.

El miedo, a la hora de emprender, paraliza, porque evoca imágenes negativas de escenarios de terror, se imagina cosas como:

1. Y si pierdo mi inversión.
2. Y si las cosas no salen.
3. Y si el proyecto después no funciona.
4. Y si el mercado después no queda interesado.
5. Y si la crisis económica nos afecta.

Claro que estas incógnitas son necesarias para un emprendedor, pero la manera en la que hace las preguntas es la que determina sus emociones.

Si usted se pregunta cosas con un espíritu ganador, donde lo que busca son respuestas reales a posibles acontecimientos para los que quiere prepararse, entonces las respuestas no le intimidan, porque su mente las quería para seguir pensando en soluciones o para llegar a fuertes conclusiones.

Estas 5 preguntas y otras más me las hice antes de empezar mi negocio de bienes de consumo para el hogar hace más de 12 años, como las hice con un espíritu emprendedor, con ganas de ser un ganador y sin miedos infundados que no son reales, ya que no están ocurriendo. La razón por la que son infundados es porque hay probabilidades, tanto de que las cosas salgan mal, como de que también salgan bien, entonces si no está pasando, por qué voy a actuar como si lo estuvieran.

La incógnita de: y si pierdo mi inversión, terminó en:

¿Y si pierdo mi ganancia? ¿Qué pasa si todo sale bien y yo no lo hago? ¿Qué puedo perder? ¿Qué es lo peor que me puede pasar? Si ya lo he perdido todo, ¿qué más puedo perder? Si no invierto ese dinero aquí, de todas maneras encontraré maneras de gastarlo en cosas con mucho menos probabilidad de cambiar algo en mi vida… y así seguía buscando razones lógicas que fortalecieran la creencia de que está bien emprender, no pasa nada si las cosas salen mal, si de todas maneras lo voy hacer, entonces lo haré en fe, creyendo que sucederá; si creo que posiblemente no ocurra, entonces no debería emprender, ya que lo más posible es que, lo que creo que pase, es lo que siempre pasará.

Un emprendedor puede sentirse solo.
La mentalidad empresarial no es algo que toda la gente tiene, la mayoría de la gente prefiere que alguien más asuma los riesgos y ellos después evalúan si es algo en lo que le gustaría participar.

Un emprendedor no es un seguidor, es un creador, el crea algo que mucha gente seguirá, no me refiero solamente a inventar algo, sino a empezar algo con lo ya creado, pero desde un punto de vista de liderar. Cuando se empieza, se puede sentir que poca gente cree en la idea que usted tiene de empezar algo nuevo o posiblemente nadie crea en esa idea. Piense en esto, si todos creyeran en esa idea, entonces ya todos la hubieran empezado. Esa es su visión, es a usted a quien le toca emprender eso, usted es responsable de que ocurra y luego abrir la oportunidad de que otros puedan unirse.

Un emprendedor es alguien con inteligencia.

No se confunda, no me refiero a que usted es el más brillante de la clase, normalmente a ellos son a los que contratan los emprendedores, aunque en muchos casos esa gente crea cosas brillantes también. Me refiero a que usted actúa correctamente, que piensa correctamente, que se hace las preguntas y los análisis correctos, que busca asociarse con la gente correcta, que entiende lo que está haciendo y no tiene una fe desmedida. Con esto quiero decir que usted juega para ganar de forma consciente, porque así se ven todos los análisis, aunque sabe que pueda perder, porque todo puede pasar en la vida y en los negocios. Con una mentalidad inteligente para emprender, usted no tiene que tener miedo, sólo toma precauciones y aplica una fe medida, real, consciente en el poder de una creencia dominante, en un deseo ardiente de triunfar.

Fe sobrenatural.

Es importante que también existe fe sobrenatural, es un nivel de fe que va por encima de todo pronóstico, de todo análisis, por encima de las estadísticas reales, es cuando la probabilidad está en su contra. Pero usted siente un fuerte deseo por hacerlo, algo le dice que tiene que jugársela toda, que nació para hacer eso, que usted no puede seguir adelante sin esa experiencia, esa conversación en su interior no le deja tranquilo, no entiende de dónde saca tanta fe para eso. Cuando sienta algo así, láncese con todo, cierre los ojos y muévase en fe, dele un poco de tiempo a la idea para que se asegure que no son sus emociones las que lo impulsan, sino un fuerte presentimiento hacia un futuro de éxito.

Fe desmedida.

Lo pondré con mi ejemplo de vida. Gano mi primer millón de dólares, mucha gente empieza a decirme qué hacer con mi dinero, a pesar de que ellos no han sabido qué hacer con el suyo propio. Yo los escucho y de momento me veo invirtiendo dinero en cosas que no entiendo, para las que no tengo esa habilidad, no hice análisis con un experto en el tema, fuera de quien dice ser el experto porque es quien ganará la comisión, no me di tiempo de analizar todos los riesgos y todo lo que he mencionado anteriormente, ¿y qué pasó? Perdí todo, todo lo que hice salió mal, ¿por qué salió mal?

1. Me puse a hacer cosas para las cuales yo no estaba preparado.
2. Nunca sentí que eso era lo que tenía que estar haciendo, como dije yo en ese momento, eso me pasa por estar haciendo cosas que mi Dios no me mandó hacer.
3. No tomé todas las precauciones posibles.
4. No revisé mi nivel de riesgo en la pérdida total sin recuperación de capital.
5. Me dejé controlar por mis emociones, un impulso desmedido casi acaba con mis finanzas y me ha tomado muchos años recuperarme de todo eso.

Recuerde, no confunda la fe desmedida con proyectos que salieron mal, está bien fallar, pero está mal fallar como un tonto, ja, ja, ja, ja; mejor termino este capítulo, porque no me quiero poner a llorar mis penas aquí con usted, mientras escribo de mis experiencias tontas.

Aprenda a perdonarse.

Si no puede perdonar su pasado, no podrá emprender algo en el presente, tiene que olvidar y etiquetar las cosas tal y como son, son experiencias que forman su carácter y su fortaleza emocional, las decisiones que ha tomado no se comparan con el tamaño de las decisiones que usted tomará en el futuro, es por eso que necesita de malas experiencias que le traigan sabiduría a su presente.

¿De qué necesita usted perdonarse? ¿No cree usted que es un buen momento para hacerlo ahora? Repita en voz alta conmigo, yo también lo haré con usted mientras escribo estas palabras.

Me lo perdono todo, me lo perdono todo, soy perfecto y hecho a la imagen de Dios, no existe condenación para mí, no hay culpabilidad de nada, yo he vivido la vida exactamente como me lo ha permitido el conocimiento que tenía hasta ese momento, ahora he crecido y madurado y estoy listo para experimentar lo nuevo de mí, lo nuevo de Dios. Me lo perdono todo ahora y siempre.

¿Cómo se siente? Yo me siento muy bien, espero que usted también, estoy listo para seguir emprendiendo, ¿y usted está listo para darse un nuevo comienzo y sacar el líder que lleva dentro? Si es así, entonces siga conmigo, porque este libro no termina hasta que usted se convierta en la versión mejorada de usted mismo.

Algo que notará de mí en todos mis libros, es que yo me acerco a un tema desde diferentes vertientes, saber algo no es suficiente, saber usar algo de diferentes maneras sí lo es.

Capítulo 11
Venciendo la pobreza

El líder que hay dentro de ti venció la pobreza y la escasez.
Me considero un especialista en este tema, ya que tanto mi familia como yo, venimos evitando que la pobreza acabe con nosotros, como ya lo he mencionado en capítulos anteriores. Toda esa fue la inspiración para escribir el libro "Mi Primer Millón" y abordar todos los principios. Nací en un barrio muy pobre de la República Dominicana, había escasez tanto de ropa como de comida. Mis juguetes eran del basurero donde todo el sector la botaba y estaba muy cerca de la casa de madera y zinc donde vivía.

Es por eso que dediqué todo un libro ("Mi Primer Millón") para poder abordar los principios, enseñanzas e ideas que te pueden ayudar grandemente, pero por causa de que el libro "Hay un Líder Dentro de Ti" salió primero, entonces aquí te dejo como regalo todo un capítulo. Mi deseo es que te vaya bien, porque no estaré conforme con salir de la pobreza hasta que mi prójimo también salga de ella.

No hay nada de humildad en ser pobre, ser pobre no es una virtud de la cual hay que sentirse orgulloso.

Se han creado tantos mitos a favor de la pobreza y en contra de las riquezas. Es por eso que tenemos cada vez más personas luchando entre ellos mismos con una parte interior que les dice: "¡Ten en abundancia!" y la otra gritando: "¡Si lo haces perderás a tus amigos, te convertirás en una mala persona, no serás feliz, el dinero es la raíz de todos los males!"

Muy crucial este pensamiento que embarga un momento de nuestra vida, que tarde o temprano debemos confrontar. Frases tan antiguas y frescas que aún permitimos sean parte de nuestra vida, hacen inclusive que sean la determinación de nuestro día a día.

Tenemos la mente consciente y la subconsciente tan desalineadas que, aunque conscientemente nos pongamos unas metas, el subconsciente se encarga de practicar el auto sabotaje.

Es como tener dos personalidades y la más fuerte domina sobre la otra, pero como dice el dicho, "a lo que más alimente es a lo que más fuerza le das".

Entonces debes quitar el poder a aquello que se alimenta de lo que le das.

¿Qué te han dicho sobre la pobreza?

¿Qué has aprendido sobre las riquezas?

¿Qué has escuchado sobre el tema del dinero? ¿En qué clase de ambiente creciste en el área de las finanzas?

¿Por qué piensas que todavía no eres rico, adinerado o por lo menos que tengas más de lo que necesitas para vivir?

Todas estas preguntas revelan cosas sobre tu vida que son causas y efectos dominantes sobre tu historia de vida.

Este libro te ayudará a romper los esquemas mentales, excusas mentales sin fundamentos que interfieren con tus propósitos, sacará de ti la mediocridad, pondrás cada cosa en su debido lugar y harás las paces con tus enemigos mentales que son la riqueza y la abundancia.

Pero ¡OJO!, que hagas las paces con estos enemigos no significa que bajarás la guardia. Recuerda que una semilla plantada puede echar raíz y para ello debes ser capaz de saber mantenerla donde debe estar, cortando su raíz, sólo tú tienes el poder de arrancarla o dejar que crezca.

Al final de todo, quien tiene la decisión de todo esto, eres tú.

¿Qué es el dinero?

El dinero es una medida de intercambio. Hace mucho tiempo se usaba el trueque, que es intercambiar algo de valor por algo de valor; sin embargo, ahora le damos cierto valor a esos papeles con la idea de eliminar ciertos problemas que ocurrieron en el pasado, pero la idea es que el dinero no es tan importante sino lo que hacemos con él, todo lo que consideras importante como:

El colegio de los niños, un lugar seguro para vivir, buena alimentación, las vacaciones familiares, la ropa que usan, pagar las necesidades básicas del hogar, ayudar a la familia, comprar las cosas que quieres, vivir la vida que anhelas y muchos otros valores.

¿Ves todo lo que se hace con el dinero? ¿Qué más puedes añadir? Sabemos bien que se puede añadir mucho más, pues el dinero es lo que hace que el intercambio de cosas sea necesario y el valor está en lo que se necesita y no en el dinero.

De qué sirve pasarse toda la vida preocupado por dinero, empeñando su tiempo por dinero, sacrificando su calidad de vida por dinero, viviendo limitado por la falta de dinero... eso no tiene sentido, el tiempo es lo más preciado que tenemos y si lo invertimos mal, no habrá valido la pena vivirlo.

El tiempo es la vida misma, por lo tanto, cualquier cosa que de forma sana pueda ayudarte a liberar tiempo para las cosas que son realmente importantes, deben convertirse en una prioridad. El tiempo es nuestro activo más valioso porque, inclusive, el dinero trabaja por nosotros y no nosotros por el dinero. Los que pueden entender esto se darán cuenta que todo ser humano es tan valioso con todo lo que puede aportar tanto para su vida propia como para la vida de los demás.

Hacer de lo importante, lo más importante.

¿Has escuchado a la gente que dice que no va a invertir el tiempo que le sobra en hacer nuevas fuentes de ingresos, porque eso les quita tiempo de la familia?

Esta excusa suena tan lógica y bonita que hasta suena razonable para una persona que ama su familia, ¿pero te has puesto a razonar desde otro punto de vista? Veamos...

Estas viviendo una mala vida. No te gusta verte endeudado. La escasez no te permite que la familia pueda vivir una vida en el bienestar total, entonces qué de inteligente tiene quedarse con la familia bajo esas circunstancias, sin dedicar algo de tiempo a mejorar la situación que los mantiene fuera de calidad de vida.

La monotonía es parte de nuestro estancamiento, porque hace que permanezcamos en la zona de confort, de esa que la mayoría no desea tener una razón más para hacer que nuestra vida o la vida familiar puedan gozar de lo que realmente merecen, una calidad de vida indispensable.

Quedarse en la monotonía de la conformidad sólo te brinda estancamiento, tanto en tu vida familiar como en la personal y profesional. Es por ello que se debe partir de la motivación que estructuramos en nuestros pensamientos.

Cuando cambiamos nuestra manera de ver las cosas y comenzamos a ambicionar en nuestra vida, es donde empieza el arte de vencer algo mucho más que la pobreza; vencemos esa escasez mental impuesta y comenzamos a darle forma a nuestros objetivos y metas que se moverán conforme lo proyectamos, y trabajamos día a día con una mente dispuesta a no tener más en nuestras vidas, el enfermizo círculo llamado: "**No puedo**".

Mucha gente tiene una mala interpretación de la palabra ambicionar, cree que eso tiene que ver con una persona que ha hecho su Dios de eso que quiere y están muy lejos de la verdad, la razón por la que tan pocas personas tienen mucho de algo, es porque no lo quieren lo suficiente, lo pueden desear, pueden tener buenas intenciones, pero nada de eso ocurrirá sin entregarse por completo para un fin deseado. Es por eso que se usa esa palabra: ambicionar, porque es un nivel más alto que tan sólo meras intenciones.

A veces no podemos tenerlo todo a la misma vez; claro que duele dejar la familia por un rato y hacer algo diferente en el tiempo libre, pero la gente que construye un futuro sabe que lo hace por amor a ellos, se sacrifican por una temporada para vivir bien luego de esa temporada.

La pobreza es algo que vive más en la cabeza que en el bolsillo. Jesús, en la Biblia, dice: "A los pobres siempre los tendréis". Es una condición mental donde sus mayores limitaciones provienen de su forma de pensar y eso crea su comportamiento, crea sus resultados y sus resultados crean su realidad.

La realidad la amoldamos a nuestro criterio y antes de que sea una realidad, la vamos transformando cuando pensamos y luego en nuestras palabras la decretamos y terminamos con los hechos, lo que eventualmente se convierte en una realidad. Nuestra mente y nuestra palabra es transformadora de manera personal, al igual con quien la compartimos.

Antes de enseñarte cómo salir de la pobreza y de la escasez, primero permite que te ayude rompiendo tu paradigma para que puedas crear uno nuevo.

Un paradigma es la forma en la que percibes los hechos.

"No es lo que está pasando, es lo que estás creyendo o interpretando"

En algún lugar y bajo alguna circunstancia, tuviste que nacer, pero la buena noticia es que nadie te condenó a quedarte ahí.

Tu pasado es sólo una historia que no puedes cambiar, pero tu presente está lleno de decisiones que necesitas tomar y la única forma en la que tu pasado se repita, una y otra vez, es porque sigues haciendo y tomando las mismas decisiones. Cuando decides y piensas diferente, tendrás resultados diferentes, el cambio en la toma de decisiones ayuda a trabajar áreas en tu vida que están sumergidas en el círculo pasado que no te permite avanzar.

Las diferentes clases de pobreza.
Hoy en día la gente anda confundida con las interpretaciones que le dan a la pobreza; antes, ser pobre era no tener comida, ropa ni un techo dónde dormir; hoy en día, alguien que tiene más lujos que en ciclos pasados, se considera pobre por varios motivos:

1. *No puede vivir a la altura de lo que desea.*
2. *Se siente limitado para vivir a la altura de lo que es normal; hoy en día mucho de eso le sucede a la gente de clase media.*
3. *¿Por qué hay un gran número de pobres financieros? Por gastar el dinero en cosas que no necesita en realidad y con dinero que no tienen y ahora lo deben; les entra la presión y la escasez con limitaciones en algunas áreas.* Es importante afirmar que siempre hay variantes en cada caso que presento, pero siempre lo expongo en términos generales.

La clase media está desapareciendo.
Las conductas de la gente las están llevando a la pobreza o las riquezas

La razón por la que cada vez hay menos grupos de clase media, es por la mente humana que tiene la capacidad de abrirse como una flor, pero también encerrarse como tal.

La manera más fácil de vencer la pobreza física es venciendo la pobreza mental.

Sí puedes crecer por dentro, entonces será cuestión de tiempo para que se te note por fuera.

"Amado yo deseo que seas prosperado y que tengas salud, así como próspera tu alma".

Abre tu mente a las posibilidades que están para ti, porque ser prósperos es para todos; pero no todos quieren prosperar por su falta de carácter en vencer la pobreza mental que aqueja a muchos. También porque hay muchos que en el corazón no desean tener abundancia.

Primeros pasos para erradicar la pobreza.

Primero hay que sacarla de tu cabeza, después de tu sistema y por último de tus hábitos y de tus conductas.

Sacando la pobreza de la cabeza.

La mejor manera de sacar la pobreza de la cabeza es llenándola de las riquezas.

Desde ahora empezarás a pensar en abundancia, tendrás sueños y metas claras y precisas, pensarás en el ¡yo puedo, quiero y haré!

Saca la pobreza de tu sistema nervioso.

Por medio de la autosugestión puedes inducirte nuevos pensamientos y hasta nuevos comportamientos, ya que estás convirtiendo un pensamiento en un pensamiento dominante por medio de la repetición.

Repetir hábitos que dominen tu mentalidad, hará que lo que parece imposible sea posible e incluso más fácil de ejecutar.

Saca la pobreza de los hábitos de conductas.

Si piensas y actúas como pobre, recibirás los mismos resultados que reciben los pobres.

«Lo que atraes con la mente serán los resultados que obtendrás».

Primero vamos a reconocer algunas de las conductas de pobreza y luego las conductas que atraen riquezas.

Conductas de pobreza.
1. *Imitan el comportamiento de otros pobres.*
2. *Tienen mala administración del dinero.*
3. *No ahorran dinero.*

4. *Viven por encima de sus ingresos.*
5. *Compran cosas que no necesitan con dinero que no tienen.*
6. *Todo lo que les entra extra en dinero se lo gastan en gratificación inmediata.*
7. *Trabajan lo necesario para mantener sus empleos o profesión, pero no hacen el trabajo propio de educarse para mantener óptimo conocimiento de lo que quieren a corto o largo plazo.*
8. *No utilizan el tiempo libre para crear otras fuentes de ingresos por falta de interés o conocimiento.*
9. *Se limitan en arriesgarse, tienen miedo a fallar, no les gusta salir de la zona cómoda (confort).*
10. *Asocia más el éxito con la suerte, que con las oportunidades y el trabajo duro e inteligente.*
11. *Tienen prejuicios en contra de la gente rica y en el fondo no desean ser uno de ellos.*
12. *Se paralizan al qué dirán o qué tan mal lo harán.*

¿Qué otras razones pondrías adicionalmente? Claro que hay muchas más y el problema es que cada una de ellas se convierte en una razón más del por qué se mantendrá en la pobreza. Y a pesar de que existen miles de razones, siempre volvemos al punto de comienzo, el cual es el mental en donde está todo el poder de crear, limitarse, expandirse, o sencillamente, explotar todo en lo que realmente tenemos el poder de hacer.

Conductas de gente próspera.
1. *Piensan que el mundo conspira a favor de ellos y no en su contra.*
2. *2. Desarrollan sus talentos y habilidades en un área en específico y se dedican a eso.*
3. *3. Ahorran parte de su dinero, hacen que parte de su dinero trabaje para ellos.*

4. *Planean y organizan su tiempo y sus finanzas para ser más certeros y predecibles.*
5. *Son trabajadores esforzados y dedicados.*
6. *No se rinden con la adversidad, al contrario, se pasean con inteligencia.*
7. *Siempre dicen: "yo puedo y lo lograré".*
8. *Si no saben de algo, buscan aprender, educarse y buscan la manera de dominar lo aprendido.*

Si planeas tu salida, haces más real que un día salgas por ella.
La planificación es uno de los mejores hábitos de conducta que se pueda tener.

Quien no planea su éxito, lo que hizo fue planear su fracaso.

Vivir a la deriva, dejándote llevar por cómo surgen las cosas, no es nada bueno.

La gente de éxito siempre está planeando su año, su mes, sus semanas, sus días y organiza su ritmo de actividades por horas.

En vez de estar contando las horas, mejor haz que las horas cuenten.

En vez de que el tiempo corra en contra, haz que esté a tu favor.

El enemigo No. 1 del éxito de hoy en día, es la falta de atención y concentración.

Qué tan mala puede ser la pobreza.
Si la pobreza no logra acabar contigo, por lo menos habrá acabado con gran parte de lo que hubiera sido de ti.

El problema de ser pobre es que te conviertes en una carga para otras personas.

Vivir de la pena y de la compasión, no es algo que ayude a tu autoestima.

La dependencia del gobierno y de las obras de caridad, crean en ti la sensación de incapacitado y dependiente.

La gente pobre permanece siendo pobre porque no abandona los hábitos de pobreza.

Una persona pobre que ahora tenga dinero volverá a ser pobre si vuelve a sus malos hábitos.

Aprender una nueva manera de cómo hacer las cosas, volverse a educar.

Determinar una mentalidad próspera, no someterse al hábito pasado que te tenía en pobreza y escasez. Exígete salir de esa conducta pasada, vuelve a tener metas y cumple con ellas, te lo debes a ti. Mantén optimismo en medio del camino, pues la batalla mental es la más dura de todas.

Recuerda que esto no termina hasta que tú logres tus metas, hasta que venzas la pobreza y la escasez y vivas la vida de abundancia y felicidad que se merece el líder que hay en ti.

Aprenda a ganar en el juego del dinero.

La vida es tan difícil para mucha gente, que la idea de verla como un juego es casi una ofensa; sin embargo, la realidad es que se trata de un juego real, que necesita ser aprendido y luego desarrollar las destrezas para poder sobresalir en él.

Nadie nació con un manual de instrucciones en su ADN para saber qué hacer bajo ciertas circunstancias, la verdad es que todo fue aprendido y no siempre por los lugares o personas correctas, por eso hay gente que sigue haciendo las cosas que no dan resultados, pero fue la forma en la que aprendieron a hacerlo.

Para cambiar los resultados, primero hay que conocer qué los están causando y qué se necesita hacer para crear otros en específico.

Es sencillo, es la ley de causa y efecto, donde todos estamos viviendo el efecto de las causas, ya sea que usted sepa, consciente o no, pero todo cuenta, todo es parte del todo al final. Cada decisión se convierte en un ingrediente que usted pueda darse cuenta o no, aun así, está dentro de la sopa.

Sea un observador, permita que su propia vida le enseñe a vivir la otra parte que le falta, lo bueno de las experiencias es que ellas te enseñaron algo, que de otra manera no podrías entender tan profundamente.

Los juegos tienen reglas, tienen principios, tienen modo de actuar, que son enseñados por otros que ya jugaron el juego, usted debe ser humilde para aprender el juego, estudiar los principios y oír a los ganadores que ya vencieron en sus propios juegos.

Usted es el responsable de ser bueno en el juego del dinero, la vida, los roles que le tocan vivir y que usted quiere experimentar, pero a pesar de que le toca llegar a ser bueno, también le toca rodearse de buenos jugadores que tengan ganas de ganar.

La gente incorrecta le disminuye sus probabilidades de tener éxito. Sin importar lo rápido que usted pueda ser, si está corriendo la carrera con un bulto muy pesado, usted terminará llegando en último lugar a la meta.

Una de las decisiones más difíciles que muchos ganadores tomaron, es que tuvieron que tomar decisiones de gente ganadora.

¿Cómo piensa un ganador?

Los ganadores no siempre saben el **cómo** exactamente lo van a lograr, pero tienen muy claro el **qué** y el **para qué**, y cuando eso está claro y firme los **cómo** empiezan a aparecer, es por eso que hay gente que se pasa mucho tiempo sin tener éxito y de repente experimentan tanto éxito, que luego se preguntan dónde rayos estaba metido todo eso.

No todas las preguntas se pueden contestar de forma razonable, hay cosas que simplemente son de cierta manera y el éxito es una de ellas. Él tiene esa capacidad de esconderse detrás de los retos por los que se tienen que pasar para llegar al otro lado y ahí detrás, siempre estuvo para hacerle sentir un merecedor de lo anhelado.

Si fuera tan fácil tener éxito, entonces no tendría tanta popularidad y demanda hoy en día, la realidad es que la gente quiere más y se esfuerza más por aquello que es menos frecuente entre la mayoría.

¿Qué tan emocionado está usted por el agua de su casa? ¿Por la energía eléctrica? ¿Por un auto con 4 ruedas?

Póngase a pensar en cómo se sentiría usted si viviera en un mundo donde poca gente tiene acceso a ese tipo de recursos; lo mismo pasa hoy en día con aquellos que tienen aviones privados, yates, una isla privada, entre otros bienes.

Lo que quiero decir con todo esto, es que valore el precio que se tiene que pagar para tener éxito, porque usted tendrá acceso a unos recursos que poca gente tiene y eso requiere algún sacrificio de su parte.

Todo juego tiene reglas.

Hablemos del juego del dinero. El dinero tiene sus reglas, él no se casa con todo el mundo; él no está disponible para todo el mundo; aún en momentos donde cae en manos de gente que no le respeta, él se sabe escabullir y desaparece rápidamente.

Todo lo que no respetas se va de tu vida, incluyendo el dinero.

La gente que gana dinero conoce las reglas, la gente que conserva el dinero y lo multiplica conoce las reglas, pero también los principios que gobiernan la buena administración del dinero.

Los Principios del juego del dinero.

Tocaremos un poco de este tema a modo de repaso. Lo que leerá son algunas enseñanzas y voy a incluir un poco más de mi historia ya en los Estados Unidos.

Mi madre, que se cansó de ver a sus hijos bajo esas condiciones de vida y entonces, de forma ilegal, se fue a Puerto Rico, territorio incorporado a los Estados Unidos. Muchos años más tarde nos fue a buscar, aun allá, la vida fue difícil. Me metí en muchos problemas financieros, ya que no sabía cómo pagar deudas, entonces pagaba deudas metiendo otra deuda y, sin darme cuenta, estaba poniendo una soga sobre mi propio cuello, hasta que llegué a niveles de no querer mi vida y con una depresión severa. A mis 25 años gané mi primer millón de dólares y ¿sabe cómo ocurrió eso? Porque aprendí cómo funcionan las reglas del juego, aquí le daré los pasos que necesita seguir para que gane su primer mi-

llón de dólares y pueda vencer la pobreza y la escasez, ¿está listo? ¡Diga sí!

Las 4D hacia un cambio.

Las conductas de la gente ganadora.
Para convertirse en una persona ganadora hay que tener conductas ganadoras.

Existen cualidades que, si usted la adopta en su proceso hacia un cambio, entonces podrá aumentar sus probabilidades en un cien por ciento.

Les llaman las **4D** y me gustaría traérselas en este libro, porque me ayudaron a salir de la pobreza cuando más lo necesitaba.

Deseos.
Decisión.
Determinación.
Disciplina.

Deseos.
Cuando usted desea algo debe saber qué tanto lo desea, qué clase de intenciones tiene, ya que hay muchos tipos de deseos; por lo que su nivel de pasión y compromiso con eso determinan sus probabilidades de querer luchar por él.

Del 1 al 10, ¿qué tanto lo desea?

¿Qué tan frecuentemente lo piensa?

Existe una gran diferencia entre desear con la mente y desear con el corazón.

Cuando es desde la mente, es un deseo más vago, es algo con lo que le gustaría experimentar, pero todavía puede prescindir de ello; sin embargo, cuando es desde el corazón, se convierte en un sentimiento y una emoción tan fuerte que afecta a quien es usted, porque relaciona eso como parte de usted mismo, como algo que debe hacer o tener, es parte de su razón de existir, de ahí viene lo que decimos de ambicionar algo realmente.

¿Cómo puede usted incrementar el **Deseo**?

Incrementa tu deseo visualizando dónde quieres estar a futuro. Mientras más te proyectes en lo que deseas, más vas a incrementar tus deseos y posibilidades de materializar ese deseo.

¿Cómo puede usted tener poder de **Decisión**?

Una decisión es convertir un pensamiento importante en una acción a seguir, significa que usted eligió entre todas sus opciones y tiene intenciones de comprometerse con ello.

Cuando usted sepa que es lo correcto, ya no siga pensando, hágalo, normalmente cuando toma mucho tiempo elegir nuestra voluntad, es porque nos estamos representando una serie de preguntas de las cuales le preocupan las respuestas.

Deje que sus valores estén presentes en la toma de decisiones.

Revise el método de las 20 ideas y luego escoja 1 de ellas.

No tome mucho tiempo en el análisis, eso le traerá parálisis.

Apoye sus decisiones, una vez que la tomó, hágala parte de usted.

Haga que suceda, recuerde que, para la gente, usted es su palabra.

¿Cómo puede usted tener **Determinación**?

La determinación es la decisión de ganar o morir en el proceso, es la convicción de que, pase lo que pase, no se vuelve atrás, es cuando no se juega con lo que se desea hacer y no hay plan B.

¿Cómo puede usted tener **Disciplina**?

Oblíguese a hacer algo hasta que ya no tenga que obligarse, como ser humano, usted se adaptará rápidamente a cualquier cosa que haga con mucha frecuencia.

Es más fácil reemplazar un hábito que crear uno, usted simplemente enfoque su mente de cinco maneras a la vez.

Elimine el pensamiento desgastante de que a usted no le gusta esa disciplina.

Enfoque su mente en el placer que le proporciona hacerla, actué como si le gustara.

Permanezca el tiempo necesario, no se desanime, será cuestión de tiempo en que, para que ocurra el mismo resultado, no tendrá que poner tanta energía emocional.

No se preocupe si se falla, eso es normal, pero tenga la disciplina de volver a empezar el proceso y luego no tendrá que preocuparse otra vez.

Ahorre en automático.

Usted nunca tendrá nada, si todo lo que entra a su bolsillo vuelve a salir, el hábito de ahorrar no es una opción, es una regla que no puede ser violada.

Ahorrar dinero puede ser muy difícil, pero la gente de éxito crea maneras de hacerlo en automático y toma medidas de precaución para no tener acceso a esos recursos de forma fácil.

El problema de la gente es que a cada peso le tiene un destino, de una vez le pone nombre, algunos nombres de destinatarios son el cine, juegos, vacaciones, ropa, etc. Sin importar cuánto gane, la gente con el hábito de gastar aumentará sus gastos en cuanto aumenten sus ingresos.

Si a esas personas que ganan, por ejemplo, $1,500 al mes, ahora el jefe le dice que hubo recortes y que para no despedirlo le va a reducir la ganancia a $1,000, entonces esa persona encontrará la manera de reducir sus gastos hasta $1,000 pero aquellos $500, por 12 meses, son $6,000, ésta cantidad, más los intereses de un fondo mutuo y dejado por años en el famoso interés compuesto, sería una cantidad increíble, nunca más tendría limitaciones ni problemas económicos, pero el problema es que él baja sus gastos si la vida lo fuerza y lo obliga y eso le pasa a la gente pobre de mente, lo que hace alguien rico de mente es que se obliga a disminuir sus gastos por un tiempo, a vivir por debajo de sus posibilidades, para un día tener suficiente para vivir posibilidades con las que otros sueñan.

Para los que son compulsivos con el gasto innecesario, esto puede que les parezca una cruda cachetada y no quieren despertar del enamoramiento de los gastos excesivos, porque están programados para gastar y no ahorrar; ahorrar es una disciplina que te muestra tus posibilidades respecto a lo que has podido ahorrar y cómo lo usarás.

Mire el contraste, a la mente pobre las circunstancias le obligan a hacer ciertas cosas... y la mente rica se obliga a hacerlo por un tiempo prolongado.

¿De qué mentalidad es usted ahora?

¿Qué mentalidad le gustaría tener?

¿Qué estaría dispuesto a hacer para adquirir esa nueva mentalidad?

¡Mmmmm! Preguntas exactas para futuros prometedores, ¿no creen?

La respuesta final reposa en lo que realmente tienes en mente realizar y cómo lo harás.

Son las preguntas que nos hacemos las que determinan el tipo de sugerencias que tendremos.

Se puede sacar a un hombre de la pobreza, pero es difícil sacar la pobreza de un hombre. Eso significa que alguien puede tener la suerte de ganarse la lotería, tener una familia pudiente o heredar una fortuna, pero si la mente que lo acompaña es de pobreza, tarde o temprano terminará creando su propia naturaleza.

¿Sabías que hay estilos de vida de un millón de dólares al mes verdad? Hay estilos de vida de todos los niveles realmente.

¿Y qué pasa si usted gana un millón de dólares al año y tiene el hábito de vivir en un nivel mucho mayor? Es cues-

tión de tiempo que vuelva a estar endeudado cuando ya no gane el millón anual, pero tiene mansiones y altas deudas que pensó que podría manejar.

No hay dinero que alcance, eso lo aprendí de una amiga muy querida en mi primer viaje de negocios a México, ella veía que estaba gastando demasiado en cosas que se podían hacer de una manera menos costosa, cuando le hice el comentario de que estaba bien, que había venido con ese presupuesto para gastos, me dijo: *"Yeison, no hay dinero que alcance, siempre habrá más en qué gastar que lo que tendrás para gastar"*. ¡Waooo! Qué enseñanza, ¿cierto?

Así que aprendí la lección, nunca más la he olvidado y desde entonces, ahora vivo con la filosofía de, no lo compro o gasto porque puedo hacerlo, sino porque es inteligente hacerlo y en qué momento hacerlo.

Súper práctico para quien lo hace parte de su día a día, sólo debemos ver qué tan excesivos somos, aunque nos sobre de más por gastar.

Ahorrar dinero puede ser tan fascinante como gastarlo, la razón por la que mucha gente no estaría de acuerdo conmigo en esto, es porque no han creado el hábito de ahorrar, pero yo me enfermo si no tengo dinero en mi cuenta, ¿por qué? Porque prefiero lo que compra las cosas que a las cosas.

Piense conmigo sobre esto... ¿Para que querría que un banco le preste el dinero sobre su auto? Un vendedor de autos que le ayude a financiarlo, unos intermediarios que le aumentan el precio, ¿no sería mejor quedarse con el dinero y ahorrarlo para después comprarlo directamente en una subasta y ahorrar el 80% del dinero que ahora podría generar interés compuesto para usted?

La gente que ahorra tiene mejores oportunidades en la vida, a alguien sin dinero también le llegan oportunidades, pero no está listo para sacar provecho de ellas, es de ahí que surgen los dichos que se inventan las mentes pobres.

Y aunque parezca ilógico, el que es pudiente en cuanto a su economía, es el que busca las opciones de comprar lo mismo que está en venta a un menor precio ahorrando gran parte y obteniendo la misma calidad y el mismo artículo por menor precio, eso hace que haya un ahorro y a su vez adquiera algo que necesitaba. Sólo es cuestión de analizar las opciones.

Dinero atrae dinero, éxito trae más éxito.

Los iguales se atraen, es por eso que usted se tiene que alejar de todo lo que no quiere que se siga repitiendo en su vida.

Alejarte no es ser indiferente, es tener dominio propio de lo que permites en tu vida.

¿Cómo podría ahorrar?

¿Qué cantidad podría usted separar de sus ingresos que se pueda comprometer a que no contará con ello?

Recomendamos el 10%, separe 10 dólares de cada 100 dólares que reciba, si es posible, utilice una transferencia electrónica que saque ese dinero en automático, ya que usted no siempre tendrá la fuerza de voluntad de poder hacerlo por su cuenta.

Tener ese plan en acción le facilitará tener un enfoque en su meta y no desviarlo.

11 consejos para ahorrar de forma inteligente.

1. Disminuya sus gastos y estará aumentando sus ganancias.
2. Elimine gastos innecesarios.
3. Reduzca gastos necesarios.
4. Renuncie o disminuya los placeres momentáneos.
5. Postergue compras que pueden esperar un poco más.
6. Vea el ahorro como el verdadero pago suyo, porque todo lo demás saldrá otra vez de usted de alguna manera.
7. Encuentre formas creativas de cumplir un propósito sin que tenga que ocurrir el mismo nivel de gasto.
8. Obligarse a vivir por debajo de su nivel por un tiempo prolongado.
9. Póngase metas financieras sobre el ahorro, los primeros $1,000; $10,000; $100,000; etcétera.
10. Gane más dinero que pueda destinar para aumentar sus ahorros.
11. Cancele sus deudas lo antes posible.

Haga el compromiso conmigo de que, en cuanto termine este libro leerá otros libros de finanzas, como el de Anthony Robbins, La Ley del Éxito, de Napoleón Hill, la Transformación Total de su Dinero, Padre Rico, Padre Pobre, de Robert T. Kiyosaki, etcétera.

Capítulo 12
Crear equipos ganadores

La gente que le rodea es un indicador de su nivel de liderazgo. Si es un líder fuerte, se rodea de gente igual o más fuerte que usted; si es débil, por lo general, la gente que le rodea es más débil que usted.

Para crear equipos campeones en cualquier área, incluyendo la social y empresarial, primero tiene que saber elegir a la gente que será parte de su círculo de influencia.

Un líder rodeado de gente débil se vuelve más débil aún. Si su liderazgo no les ayuda a fortalecerse, entonces es cuestión de tiempo para que se desvanezca. Tiene que salir de ahí, no puede quedarse en relaciones que no tengan futuro. Cada persona en el mundo encontrará el tipo de personas que encaja con ella y si realmente desea ser el líder que hay dentro de usted mismo, tiene que relacionarse con gente que se le parezca.

Recuerde que tiene la responsabilidad de fortalecer su liderazgo todos los días; la forma más fácil de identificar a la gente correcta es que usted mismo sea la persona correcta.

Los iguales se atraen.

Los líderes se pasean entre líderes, los abogados entre abogados, los doctores entre ellos mismos, los desempleados de igual manera, la gente que nos rodea tiene un gran parecido a nosotros de ciertas maneras.

Los iguales se atraen, a la gente positiva le gusta estar con positivos, a la gente negativa no le gustan los positivos porque siempre le llevan la contraria, no hay conversación de chismes, no hay conversaciones largas sobre un tema poco importante, etcétera.

No siempre es usted quien escoge a la gente, también la gente le escoge a usted, pero recuerde que siempre le escogerán porque, de cierta manera, se identifican con usted.

Queda claro que toda persona y líder tienen gente incorrecta a su lado en algún momento de su vida. Sin embargo, cada persona que llega viene con un propósito, a veces para añadir a tu vida y otras para quitar algo de ella, pero nunca pienses que alguien te hace daño. Esa mentalidad de víctima te quita la creencia de que eres dueño y responsable de tu propia vida.

¿Cómo nos ayuda la gente incorrecta?
No buscamos los malos momentos, pero si llegan hay que verlos como parte de nuestro entrenamiento. Hasta dónde ha llegado, se lo debe a todo lo bueno y lo malo que le ha sucedido. Su fortaleza no se construye de sus mejores momentos únicamente, sino de los no tan buenos también.

Siempre hay una lección en cada día que vive, algo que aprender y recordar. Cuando ve la vida como una película de su vida, que va escribiéndola poco a poco y que tiene valles y montañas, desiertos y lagos; gente que le hace la vida difícil y gente que la hace sencilla.

Recuerde que mientras menos control siente que tiene de su vida, más víctima se siente. Las víctimas creen que causas externas o que quizás otra persona, es responsable de todo lo que les pasa y por eso no asumen la responsabilidad de cambiarla.

En la vida, una de las actividades que debe dominar es el arte de relacionarse con otras personas.

Atraer a la gente correcta a su vida, escoger la gente correcta, en vez de que ellos lo hagan con usted.

Cuando usted escoge, usted puede filtrar a quién escoge por unas características que vayan alineadas a la clase de personas con las que quiera relacionarse basándose en su propósito.

La gente le añade a su vida o le quita de ella, nadie lo dejará igual. Todo lo que no acredita le está debilitando, todo lo que no suma le está restando.

¿Por qué pasa esto?

La vida siempre está en movimiento, siempre están pasando cosas, el tiempo no para, todo lo que no se mantiene se deteriora, todo tiene su tiempo debajo del cielo, es por eso que cada persona cumple un propósito y usted debe tener un sentido de urgencia y de propósito, por lo tanto, analice dónde y con quién está invirtiendo su tiempo.

¿Cómo escoger las personas correctas para su equipo?

Primero debe saber qué clase de personas quiere en su equipo, qué tipo de personas harán que las cosas sucedan.

1. **La actitud.** Por encima de todas las cualidades de la gente, la prioridad es su actitud, ésa siempre será la cualidad más importante de todo ganador.
2. **Gente comprometida.** Gente que cree en lo que se quiere lograr. Si alguien no cree, no crea. Para crear resultados hay que creer que es posible.
3. **Gente enseñable.** Cuando alguien se deja guiar, podrá adoptar las otras cualidades y destrezas que harán falta. Se dejará ayudar en momentos de tristeza, frustración y de retos a los que se enfrenten.

4. **Enfoque en la planificación.** Todo el equipo tiene que moverse bajo un plan estratégico que le permita ganar, si alguien no sigue instrucciones no puede estar en el equipo. Es bien sabido que aquel que no planeó ganar, está planeando perder.

5. **Flexibilidad.** Cambiar con los hechos es inevitable. Las cosas no siempre saldrán como queremos, para poder continuar tendremos que mejorar lo que empezamos. El estancamiento viene por la rigidez, por continuar haciendo lo mismo aún después de haber visto los mismos resultados. Alguien no puede estar en su equipo si no está dispuesto a cambiar con los hechos.

6. **Áreas de fortaleza.** En un equipo cada persona tiene que estar en la tarea que mejor domine, aquella área en la que mejor hace una contribución significativa al equipo ganador. La gente no está ahí para tapar huecos ni porque es lo que le gustaría hacer, están ahí porque ellos son la mejor opción inteligente.

7. **Comunicación efectiva.** El equipo que no se comunica o que se comunica mal, perece. No hay mejor cosa como en la que cada persona hace su parte en armonía con los demás, se preocupa por el objetivo final del equipo, ayuda a resolver problemas que pudieran detener el propósito final.

8. **Tiempo, esfuerzo y dedicación.** Los resultados del equipo no vienen sólo de buenas intenciones, hay una gran cantidad de tiempo y dedicación detrás de cada logro, si una persona no va a dedicar el tiempo que un proyecto requiere, lo que hará es detener el ritmo rápido y todo campeón sabe que es más fácil hacer las cosas rápido, que lento. El problema que tiene un lento en el equipo, es que también ralentiza a los demás y termina con un equipo de lentos víctima de otros lentos. Escoja gente que no pierda el tiempo, gente que sienta que está ahí con un propósito definido.

9. **Capacidad de fracasar.** Imposible llegar muy alto sin experimentar lo bajo; el éxito es la suma de todos los intentos necesarios hasta llegar al logro deseado.

10. **Disciplina.** Un equipo sin disciplina va a ignorar los principios y actos inteligentes por hacer de su vida más cómoda y llevadera; la gente disciplinada hará lo que tiene que hacer cuando lo tenga que hacer, tenga ganas o no. Ese carácter de mantener la decisión, aún después de que pase la emoción con la que la tomó, ayudará a todo el equipo a llegar muy lejos.

Si alguien del equipo no está haciendo las cosas bien, debe reubicarlo o sacarlo del equipo; pero si todo el equipo lo está haciendo bien y no hay resultados, entonces es a usted a quien hay que reubicar o sacar del equipo.

Un verdadero líder crea otros líderes, no está buscando que los demás sean seguidores y él la estrella de cine. Lo que importa son los resultados y el cumplimiento de la visión y la misión del equipo. Si eso significa delegar en otros lo que usted no puede hacer como líder, entonces use la capacidad de liderazgo de otros a su alrededor.

Usted tiene todo lo que necesita para convertirse en un gran líder, pero tenga la humildad de ser un aprendiz de líderes que están por encima de usted en algún área.

Somos mejores juntos que por separado.

Si quieres ir rápido ve solo, pero si quieres llegar más lejos, entonces hazlo acompañado.

Detrás de cada gran hombre que sobresale hay personas que le ayudaron a lograrlo.

Existen muchas razones de por qué debes creer en el trabajo en equipo, aunque eso signifique tener que lidiar con las diferentes mentalidades, a la larga, nadie ha logrado nada grande por sí solo sin la ayuda de otras personas"

La gente correcta es fácil de identificar, ellos siempre sobresalen entre la mayoría, ellos son los que:

* *Tienen sueños y metas.*
* *Los que están en movimiento.*
* *Son gente positiva y de esperanza.*
* *Se caen y se vuelven a levantar.*
* *Tienen hambre y sed de logros.*
* *Saben lo que quieren y para cuándo lo quieren.*
* *Son líderes de los lugares donde trabajan o se relacionan.*
* *Tienen talentos.*
* *Son trabajadores, se esfuerzan.*

¡No se confunda! Usted puede encontrarse con muchas de estas características y no verlas exitosas, todavía no han logrado el éxito, algunos están en bancarrotas, acabaron de pasar por un fracaso, etc., y esa posiblemente sea la razón por la que usted puede darle una nueva visión en donde ellos puedan invertir su tiempo.

¿Por qué hay gente que no es exitosa?

Hay una combinación de 3 cosas que se deben alinear, te lo diré en parábola.

1. El sembrador.
2. La semilla.
3. El terreno.

El sembrador es usted, la persona que tiene todo el conocimiento para llevar a cabo la tarea. Sabrá qué hacer en cada momento y seguirá los procesos naturales hasta completar el propósito. Muchos proyectos fracasan no porque no sean buenas ideas y no tengan los recursos necesarios, sino porque no están bien dirigidos por un buen líder, que en nuestra analogía sería por un buen sembrador.

La semilla... es importante a lo que se dedica, qué es lo que usted está sembrando, si es buena calidad, si hay demanda sobre eso en el mercado, etcétera.

El terreno... hay muchos tipos de terrenos, usted debe escoger el terreno fértil, aquél que cuando se siembre la semilla y de la forma correcta, el terreno responda con frutos en su tiempo y usted pueda disfrutar del fruto de su trabajo.

Pero un líder, para liderar a otros, debe tener carisma y me gustaría hacer un último comentario sobre este tema.

EL CARISMA PARA DIRIGIR.

El carisma es la habilidad de caerle bien a la gente.

A las personas les gusta estar cerca de personas que son carismáticas.

Una de las mejores cosas que podemos hacer por la gente, es esperar lo mejor de ellos, cuando la gente percibe que genuinamente tienes buenas expectativas hacia ellos, la gente, por lo general, adopta un comportamiento que respalda eso.

El Sr. Benjamín Disraeli nos dijo: «el mayor bien que usted puede hacer por otros no es revelarles sus riquezas, sino mostrarle las de él». Cuando escuché esto me di cuenta de cuánta razón hay en esa frase, confirma el pensamiento de que a la gente no le importa cuánto usted tiene, hasta que no están seguros qué tanto ellos le importan a usted.

Lo mejor que usted puede hacer por la gente es darle esperanza, una persona sin esperanza es una persona sin expectativas, y las personas sin expectativas son personas sin futuro, o por lo menos no con un futuro que valga la pena. Inspire a la gente a ser mejor, enfóquese en sus necesidades, hable más de ellos que de usted, ayúdelos a entender más quiénes son ellos y de lo que son capaces, deles una mejor perspectiva de su vida, al final de la conversación la persona terminará amándole mucho más que cuando empezó la conversación.

El líder que hay en ti se convierte en el líder que refleja lo que hay en otros, y el carisma te ayudará a que todo lo que tú quieras para ti, te asegurará que también lo sientan los demás.

¿Cómo está tu carisma? ¿Qué sientes que puedes mejorar? La próxima vez que te encuentres con alguien o hables por teléfono, céntrate más en hacer sentir bien a la otra persona que a ti mismo, te darás cuenta de que todo lo que hagas por ellos te lo estás haciendo a ti.

Capítulo 13
Deje un legado

¡Le felicito! ¿Sabía que la mayoría de la gente no llega al final de un libro? Usted no será parte de esa estadística, ¿sabe que eso es carácter? Usted ha demostrado una cualidad que, si se mantiene con ella, le puede cambiar la vida para siempre.

Pero nos falta un tema más por cubrir, es el tema de dejar un legado y la realización personal.

Todo lo que usted hace en la vida, ya sea que usted lo sepa o no, lo hace por el deseo de obtener amor o alejarse del dolor, por el deseo de sentirse feliz o por evitar la infelicidad, siempre buscando lo que siente hacer y evitando lo que no le gusta.

Como ser humano, usted se siente atraído a hacer algo por los demás, a construir en la vida de otros, darles a otros de lo mismo que usted ha recibido.

Usted tiene toda una vida de experiencias de altas y bajas, de arriba y abajo, de subidas y caídas, victorias y derrotas, de caídas y levantadas, de lágrimas y alegrías, de momentos de fracasos y éxitos. ¿Qué hará usted con todo ese conocimiento? ¿No cree que sea justo que usted sea mentor de alguien más y educador de muchos otros?

¿A cuánta gente usted le agradece hoy en día el que hayan contribuido de alguna manera en su vida? Pues hay gente que, si usted no hace algo por ellos, posiblemente no recibirán esa ayuda en ese momento de su vida.

Conviértase en la contestación de las peticiones de su prójimo, así como usted les debe éxitos a otros, otros dirán lo mismo de usted.

Hay cosas que usted puede hacer por la gente que nadie más puede hacer. Usted es un ser único, recuerde que hay algo de Dios en usted que sólo se puede ver en usted mismo, es por eso que lo crearon irremplazable.

El hecho de que esté leyendo este libro de liderazgo, deja claro que una parte de usted tiene el deseo de mejorar y de mejorar a otros.

Deje su contribución al mundo, al final siempre recibe mucho más de lo que estuvo sembrando.

Su Felicidad está ligada a la felicidad de otros, cuando da de lo mejor de usted, el universo le da más de lo que dio, porque eso es lo que usted es y expresa su identidad.

Gracias por leer este libro y honrarme con su tiempo, ahora deseo atreverme a que haga algo más por mí.

Vuelva a leerlo, ya invirtió en su mente, ahora saque el mayor provecho de la inversión, sólo si lee el libro varias veces, puede sacar lo mejor de él.

Comparta su experiencia con la de otras personas, dígale su experiencia con el libro, siempre hay una palabra, una frase, un capítulo que puede cambiar la vida de alguien más.

Aplique lo que aprende, la mejor manera de aplicarlo es enseñando a otros, usted siempre se convierte en lo que enseña tarde o temprano.

Siga los demás libros en mí página www.Yeison-Ramirez.com. En la biblioteca hay otros temas que le cambiarán su vida en otras áreas de igual importancia.

Vacíe sus bolsillos en su mente para que su mente llene sus bolsillos. (Benjamín Franklin).

CPSIA information can be obtained
at www.ICGtesting.com
Printed in the USA
LVOW03s1908261217
560834LV00001B/271/P